参加したくなる会議のつくり方

公務員のためのファシリテーション入門

加留部 貴行／著

ぎょうせい

はじめに

■「会議」─それは日常的な人と人との交流・創造の場

　私たちの日常の業務や職場では、実に多彩で数多くの会議、打合せ、ミーティングが開催されています。人によっては「会議が仕事」といってもよいくらいの頻度を抱えている人も少なくありません。

　会議は、分野を問わず、地域を問わず、年代を問わず、人々が出会いながら、その知恵を絞り、お互いに学び、アイデアを出し、意見を交換し、合意を生み出し、問題解決や価値創造を図ってきた場でもあります。まさに人間の英知結集の営みそのものです。

　しかしながら現実は厳しく、せっかく会議の場を持っても、「さっぱり意見が出ることなく何も進まなかった」、逆に「様々な意見が出てまとまらなかった」、「時間ばかりが過ぎてしまって何が決まったのかがわからないままだった」、「一方的な伝達だけで議論ができなかった」などなど、会議に対するイライラやモヤモヤの"ため息"は多いものです。

　このような状況を打破し、会議という日常的な場をもっと創造的かつ人間性豊かな、そして多くの関係性を育みながらこれからの時代の価値創造を担える場にできないものでしょうか。

　この本は、会議という場で起こっていることを振り返りつつ、より良い場づくりを行っていくためには、どのようなことをお互いが意識し合うべきかの基本を、現場に即してなるべく平易かつ具体的に書き綴りました。

　そして、多様な共働（協働）や連携を進めていく基盤づくりを支える考え方として「ファシリテーション」を紹介していきます。

■会議におけるファシリテーションのエッセンスを紹介

　この本の刊行にあたっては、㈱ぎょうせいの月刊『ガバナンス』の中で筆者が担当した連載「ファシリテーション de コミュニケーション」（2015年4月号〜2020年9月号）の内容をベースに大幅に加筆して再構成しています。さらに公務員のみなさんからの日頃の様々な相談や職員研修などで繰り返しお伝えし続けていることを、可能な限りいつものままの口調で率直にお伝えしています。

　冒頭の「基礎編」では、会議そのものの振り返りとその全体像の確認、ファシリテーションとファシリテーターの基本的な考え方の解説と現場で大事にしてほしい視点、ファシリテーションが必要となってきた背景をひもといています。

　次の「技術編」では、みなさんが最も関心の高い会議の"やり方"として「準備」、「対話」、「可視化」の大事な3つの機能の具体的なポイントとその向こう側に統合されて現れる「合意」に至るメカニズムを紹介します。

　さらに「実践編」では、実際に会議を進行するコツや困難な壁にぶつかった際に参加しやすさを支援する手法、組織や現場にファシリテーションを導入し馴染ませていく時のポイント、そして現場でのファシリテーションの活用事例を解説しています。

　最後の「成長編」では、コロナ禍で急速に広がったオンラインでの会議の進め方のポイントと会議に向き合う"あり方"としてファシリテーターが現場に向き合う際の心得や自己成長、これからの時代に必要とされる視点や心の準備に触れていきます。

　また、本文では取り上げきれなかった内容をコラムとして書き加え、筆者がファシリテーターとして現場に向き合う際に大切にしている言葉を紹介するコーナーも設けました。

■会議とファシリテーションの基本に立ち返る一冊に

　公務員のみなさんが各々の地域や職場の中で少しでもファシリテーションを活かした会議の場が始めやすく、進めやすく、続けやすくなるようにと、初心者を主なターゲットとしました。

　併せて、経験者やベテランのみなさんにとっては、溢れんばかりの情報が行きかう時代に「要はこれだ」とポイントを押さえやすく、現場で迷った時に「やっぱりここか」と基本に立ち返りやすくなるような一冊になればと願って執筆しました。

　本書があなたの会議の場での頭と心の整理にお役に立てば幸いです。最後のページまでどうかお付き合いいただきますよう、よろしくお願いいたします。

　令和3年3月

　　　　　　　　　　　　　　　　加留部　貴行

目　次

技 術 編

第3章
参加したくなる会議の「準備術」

第4章
参加したくなる会議の「対話術」

第5章
参加したくなる会議の「可視化術」

第6章
参加したくなる会議の「合意術」

実 践 編

第7章
参加したくなる現場を創る「進行術」

第8章
参加しやすさを生み出す「支援術」

第9章
実践への壁を乗り越える「導入術」

第10章
参加を促すファシリテーション活用事例

成 長 編

第11章
オンライン時代のファシリテーション

第12章
職員ファシリテーターの自己成長への心得

第1章

会議という場で
何が起こっているのか

日頃何気なく開かれている「会議」という場。そこ
では一体何が行われ、何が起こっているのでしょう
か。会議の場での「あるある」を思い出しながら、
会議の存在意義やその弱点、それを克服するための
視点や対処法など、最初に会議そのものの全体像を
掴んでいきましょう。

参加者目線で会議を捉える

まずは、日頃の会議の様子をちょっと思い出してみましょう。

あなたがこれまで参加した会議の中で、

「参加してよかった会議」／「参加しなければよかった会議」

はどのようなものでしたか。どのような状態で「参加してよかった」、「参加しなければよかった」と感じたでしょうか。

下の図表に思い当たることを書き込んでみてください。

【図表1】参加してよかった会議／参加しなければよかった会議

参加してよかった会議	参加しなければよかった会議

例えば、「参加してよかった会議」の状態でよく聴くのは、

・時間通り終わった。

・何が決まったかがよく見えた。

・みんなで活発なやり取りがあった。

・明るく楽しかった。

逆に、「参加しなければよかった会議」では、

・ダラダラして時間が予定よりオーバーした。

・終了後、何が決まったかがよくわからなかった。

・シーンとして意見が出ずに、ただ座っているだけだった。

・なんだか雰囲気が暗くて重苦しかった。

などというものがあります。あなたもズバリ！から似たようなことまで「あるある」と感じたことがあるのではないでしょうか。

　まずもって、最初にみなさんに心に留めておいていただきたいことは、**「参加してよかった会議」で起こっていることをきちんと実践して、「参加しなければよかった会議」で起こったことはやらないことです。**「なーんだ」という感じですよね。

　実は私たちは、小学校の学級会・クラス会から始まって、特に社会人になってからこれまでの間、本当に数多くの会議を経験してきましたので、どんな状態が「参加しやすく」、どんな状態が「参加したくない」のかをよく知っています。

　ところが、実際に会議を主催する側に回ると、なぜかその逆をやってしまいます。まずはここに着目して変えていきましょう。

　つまり、「参加したくなる会議」を進めるには、**あなたが参加者側にいる時に、その場に「参加したい」と思うようなことをすればよいのです。そして「参加したくない」状態を「参加したい」気持ちに変えるには何をすればよいかを考えるのです。**

　会議を主催・進行する側は、**常に「参加者視点」で参加者側が何を感じ、何を考え、何を欲しているかを常に想像し確かめながら事を進めることが肝要なのです。**

ポイント

参加者目線で「参加したい」状態を具体的に想像する

「意識する」ことを続ける

それでは、参加者視点で、「参加したい」状態を創り、「したくない」を「したい」へ変えるには、何に気を付けていけばよいのでしょうか。そしてやればよいとわかっていても「できない」のはなぜなのでしょうか。その "カラクリ" を探ってみます。

　私たちは日々、学びなどを通じて何かが「できる」状態を創り出して自身の成長につなげていく努力を積み重ねています。
　しかし、その「できる」を生み出すためには、いくつかのステップを踏んでいくことが必要です。以下の図を見てください。

【図表2】「できる」へのステップ

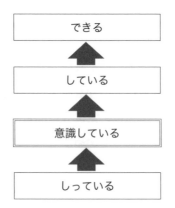

　まず、「できる」の手前には「している」という状態が必要です。以前からしている、今もしている、という不断の努力と取り組みが大きなベースを創ります。会議、研修、ワークショップ、さらには

職場や現場の取り組みも日頃から「している」ことが大切です。

　ところが、実際は「していない」ことが多いものです。そしてその割にはどのようなことをすればよいのかはよく「しっている」のです。この「している」と「しっている」は別物です。小さな「っ」が入っているだけの問題ではありません。例えば、「地球温暖化防止のために電気はこまめに消しましょう」ということはよく「しっている」のですが、実際は「していない」ことが多いものです。

　実は、この「している」と「しっている」の2つの間には1つ抜けていることがあります。自分自身ではちょっと気づかないのですが、他人の姿を観るとよくわかります。

　それは、「意識している」という状態が抜けている、ということ。平たく言えば「忘れてしまっている」ということなのです。

　「しっている」けど、つい忘れてしまい、やらないからできない…という負の連鎖を断ち切って「できる」ようにするためには、まずは自身が**「意識する」ことがとても大切なのです。**

　これからこの本には、みなさんがよく「しっている」ことがたくさん出てきます。

　ただ、それを本当にやるかやらないか、意識し続けられるかどうかで、場は大きく変わってきます。まずは、忘れないように意識していきましょう。

ポイント

「しっている」ことを忘れないように常に「意識」する

なぜ、わざわざ集める・集まるのか

　会議の場でどんなにつまらないことや参加したくない事態が起こっても、私たちは時間やコストをかけて、わざわざ人を集めて「会議」を開こうとします。それはなぜなのでしょうか。

　手法は「直接（リアル）」であれ、「間接（オンライン）」であれ、私たちがわざわざ人を集め、集まる場を創ろうとする理由として、筆者が日頃感じていることを3つお話しします。

　まず1つ目は**「個人には限界がある」**ということです。

　やはり物事は全てを一人で賄うのではなく、多様な人々との関わりの中から生まれてくるものです。

　個人の限界には、数を必要とする場合を乗り越えるための「物理的な限界」、個人から発想できる知識や経験を広げ・深めるために必要な「質的な限界」、そして一人で抱え込んで寂しい思いをしてしまう「精神的な限界」の3つが考えられます。

　特に3つ目の精神的な限界は手法を問わず、今の時代においては大きなテーマです。話を聴いて分かち合ってくれる人さえいれば、たとえ答えは得られなくても、安心したり、勇気が湧いてきたという経験はないでしょうか。

　2つ目の理由は**「文字情報には限界がある」**ということ。

　正直なところ、メールにしても回覧物にしてもそれらを読み込んでいる人は限られています。ですから、少し強制的にでもその場で目に触れて意識させる機会が必要です。また、文字に「話す」とい

6

う動きで強弱が加わることで内容のメリハリが見えてきます。

さらに、文字では表せない、表してはいけないこともしばしばある
ものです。その行間に込められた意味や意図、想いや背景、感覚や
感触などを共有し合いながら、その場の雰囲気から感じられるもの
を汲み取ってもらうにはわざわざ集める・集まる必要が出てきます。

特に感覚的なことや言語化が難しい際には、メールや文章だけで
はこちらの想いと相手の受け取り方には何かと齟齬が生じがちで
す。お互いの思い込みや解釈の違いを是正し、誤解を生まないため
にも確認を取り合いながら、内容の"確からしさ"を上げていくに
は集まって合わせていくプロセスは必要です。

3つ目の理由は、**「関係性を創り出す必要がある」**ということ。

最近は直接会わなくてもインターネットを通じて会議ができる
「オンライン会議」もあります。ただ、知らない者同士でいきなり
話をするのは、やはりお互いにどこか躊躇が伴います。

まずは直接（リアル）会って面識や関係性を創った上で、間接手
法（オンライン）を組み合わせることが理想的です。

1回でも会って知っておくとそれだけで安心感が得られます。

**わざわざ集める・集まることは正直面倒くさいこともあります
が、そこにある意味や価値をよく考えておきたいものです。**

ポイント

わざわざ集める・集まる「意味」や「価値」を考える

会議の「3つの弱点」とその克服法

　筆者はこれまで様々な会議を自ら主催し、他者の会議にも参加してきました。また、様々な会議を傍聴したり、観察する機会も産学官民問わず数多くありました。

　特に他者の会議を周囲で客観的に観ると、会議の場で共通して陥りがちな「3つの弱点」が浮かび上がってきます。

　1つ目は、**「準備不足」**。

　話し合いの場のゴールやそれに向かう進め方の設計が曖昧で、結果的に会議が時間の無駄になっています。

　2つ目は、**「動きがない」**ということ。

　特に参加者から「声が出ていない」状態が気になります。場に活気や覇気がなくて空気が重たくなっています。

　3つ目が、**「見えない」**という状態。

　何を話していて、何をめざしていて、何が決まったのかのプロセスや結果がお互いに共有されずに見えていない状態です。

　この3つの弱点を克服するためには、各々に適切な対処が必要です。

■会議を促進するための「準備」

　まず、「準備不足」に対しては、「準備」をきちんと行いましょう。

　このようなスムーズな対話の場を進めていくためには、「段取り八分」の言葉の通り「準備」が大変重要です。

■話し合いの根幹は「対話」

2つ目の「動きがない」に関しては、特に声が出ていない状態を解消するために「対話」を促進することを考えます。

話し合いの根幹となる最大の要素は人と人とが直接言葉を交わすこと。お互いに言葉を交換し合う中で様々なことを生み出します。

■対話の中身を整理して想いをかみ合せる「可視化」

3つ目の「見えない」に対しては、目に見えてわかる状態をつくる「可視化」で対応します。

言葉（音）だけではなく、会議の内容とプロセスを共有しながら話をかみ合わせていくためには議論の「可視化」が必要です。

【図表3】会議の3つの弱点とその克服法

3つの弱点		克服法
準備不足	⇒	準　備
動きがない	⇒	対　話
見えない	⇒	可視化

これら「準備」、「対話」、「可視化」の3つが揃って機能し融合した結果として、合意形成や問題解決を図ることができます。

一つひとつを丁寧にきちんと怠らずに取り組んでいきましょう。詳細は【技術編】でお話しします。

ポ　イ　ン　ト

「準備」、「対話」、「可視化」の3つを大切にする

9

会議という場の流れの全体像を掴む

ここで改めて会議という場の全体像を確認します。

【図表4】会議という場の流れの全体像

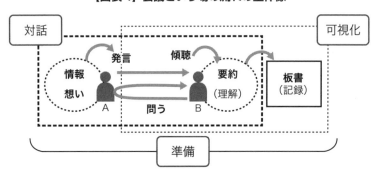

例えば、Aさん、Bさんの2人がいたとします。

Aさんが持つ情報や想いがそのまま内に籠ることなく外に出ます。これが「発言」です。まとまった形では「説明」となります。

その内容を相手のBさんが聴く。これが「傾聴」です。そしてその話の内容がBさんの中に入っていきます。そして話の内容を自分なりに「要約」して「理解」しようとします。

ただ、理解しようとしても何かわからないことなどが出てきたらAさんに「問う」ことを通じて内容の確認を取ります。このようなやり取りをお互いに続けていきます。

そして要約されて理解されたことが、Bさんの内側で「記憶」という形で留まることもありますが、例えばホワイトボードに「板書」するとか手元でメモを残すように、記憶に留めるだけでなく「記録」に残す、ということまでやります。

これらが会議という場で行われている基本的な行為です。

そしてこれらの行為は一つひとつがバラバラに行われているのではなく、一蓮托生の「流れ」として起こります。流れですから、どこかが止まってしまうと全体が止まってしまいます。

例えば、わかりやすい発言をしてくれたら相手は聴き取りやすく、理解しやすいからメモ（記録）も取りやすいです。逆にわけのわからない発言だと相手は聴き取りにくく、理解できないですからメモも取れません。聴く側が「聴かないよ」となると話す側は話がしづらいですし、話す側が迷走すると聴く側も確実に迷走します。

つまり、**会議という場は「おたがいさま」**なのです。それは会議の主催者（進行役）と参加者の間でも起こりますし、参加者同士でも起こり得ます。ですから、一人でもわけのわからないことをされるとみんなが大迷惑ですし、一人でもその場をどうにかしようという意識が働くと、その場のリカバリーも効きます。

このようなよどみない一蓮托生の「流れ」を支えていくために必要とされているのが「ファシリテーション」です。そして「準備」、「対話」、「可視化」の３つの機能が大切になってくるのです。

私たちが持つ「想い」が「言葉」となって、それが「行動」に結びつき、結果として良い「形」になっていくことを願っています。

ポイント

会議の場で起こる様々な行為の「流れ」を掴む

（基）（礎）（編）

第2章

ファシリテーションの
基本的な考え方

ファシリテーションとは何でしょうか。この章では、ファシリテーションの意味と基本的な考え方、ファシリテーターの役割などを取り上げます。本書タイトルの「参加したくなる会議」の根底に横たわる大切な視点に触れていきます。

1 ファシリテーションとは何か

　ファシリテーション。この言葉を聴いたことはありましたか。

　ファシリテーションは、研修などではよく「スキル」として取り上げられて学ぶことが多い中で、最近流行りの「○○力」のように「どのようなチカラですか」と尋ねられることがあります。

　筆者はひとことで表すとするならば、**「引き出す力」**と紹介しています。

　そして、その引き出し方には2つあります。

　1つ目は、**「聴き出す」**。音で話してもらうことを通じて、相手の中の想いや考えなどを引き出します。

　2つ目は、**「書き出す」**。文字や絵や図などを用いて書き出していくことによって、相手のイメージや感覚などを引き出します。

　この2つは日頃からよくやっていることです。

　では改めて、ファシリテーションの"原意"は何でしょうか。

　まず、「ファシリテーション（facilitation）」を英和辞典で引くと、最初に**「容易にすること」**が出てきます。ただこれには漢字が入ってくるので、平易にひらがなで書き下して**「○○しやすくすること」**と筆者はお伝えしています。このほうが身近になるかもしれません。ラテン語の接頭辞である"facil"は、英語ではeasyを意味します。

　それでは、会議などの場で「○○しやすくすること」として具体的にはどのようなことをしているのでしょうか。

　例えば、「話しやすくする」、「書きやすくする」、「動きやすくす

る」、「見えやすくする」、「覚えやすくする」、「わかりやすくする」、「まとめやすくする」、「参加しやすくする」、「共有しやすくする」、「持ち帰りやすくする」…などなどです。これらはほんの一部です。

つまり「○○しにくい」状態を、「○○しやすい」状態に変えていくこと。これが「ファシリテーション」なのです。

ですから、この「○○しやすくする」ファシリテーションは会議や研修、ワークショップのような場だけに限定して使われるものではありません。私たちのくらしの中にも数多く見受けられます。

例えば、今日はおばあちゃんにスマホの使い方を「わかりやすく説明する」だとか、子どもが勉強道具を「持ち帰りやすくする」ために手提げ袋を持たせるなど、日常的にやっていることなのです。

その中で究極の「○○しやすくする」は、「生きやすくする」こと。

今、人々は公私ともに目に見えない様々な困難に直面しています。日常生活や職場の中での不安や寂しさ、悲しみや怒りなどを表に「出しにくい」状態で「生きにくく」なってはいないでしょうか。そして、それらを少しでも和らげるためには、胸の内にこもった想いや感情を「出しやすくする」ことが必要ではないでしょうか。

多様な社会活動の場の中に日常的に「○○しやすくする」が浸透することで、一人ひとりが日々を「生きやすくする」社会を創るためにもファシリテーションを身近に感じてほしいと願っています。

ポイント

ファシリテーションは「○○しやすくする」こと

② 場を「○○しやすくする」視点で捉える

　このように、日常的に存在する会議の場の困難や障壁を取り除き和らげる際に「○○しやすくする」視点で考えると、その場で何をすればよいかのいろいろなアイデアが具体的に浮かんできます。

　会議を主催・進行する側も参加者側もお互いに「○○しやすく」なるために考えられるアクションをいくつか列挙してみましょう。

○**動きやすくする**

　・人の出入りや道具の出し入れがしやすい空間を準備する。

　・参加者が動く際には動き方が理解しやすい説明をする。

○**見えやすくする**

　・ホワイトボードが見えるように机・イスの位置を調整する。

　・配布資料の文字をできるだけ大きめにする。

○**書きやすくする**

　・書き出す動きが取れる場所を準備する。

　・道具の使い方や書き出す進め方を丁寧に説明する。

○**わかりやすくする**

　・資料が文字の羅列にならないように表にまとめておく。

　・できるだけ専門用語を使わずに平易な表現にする。

○**まとめやすくする**

　・まとめ用の枠組み（フレーム）を準備する。

　・多くの意見の中からキーワードを抽出してもらう。

○**参加しやすくする**

　・少人数の簡単な会話（バズセッション）を設ける。

・難しすぎないテーマを設定する。

○打ち解けやすくする

・休憩時間を長めにして気楽に話せるきっかけをつくる。

・懇親の場を設ける。

○追いつきやすくする

・大切な箇所は聞き漏らしがないように繰り返し説明する。

・話に乗り遅れていないか確認のために質疑応答を行う。

○思い出しやすくする

・議事録を残しておく。

・前回の模様をダイジェストで伝える。

このように、**何か会議の場で「○○しにくい」状態が現れたら、「○○しやすい」状態を具体的に考えて、できることからやってみることが既にファシリテーションなのです。**

そう考えると、会議の場に限らず、仕事の段取りを組む準備や職場内でのメンバー同士の何気ないやり取りの中にも、相手が動きやすくなるような声掛け、物事を進めやすくするための職場環境づくりなどにも「○○しやすくする」要素が散りばめられています。

そして、いつの間にかファシリテーションはあなたの傍に存在していたことに気づくはずです。「○○しやすくする」という視点であなたの身のまわりを見直してみませんか。

● ポ イ ン ト ●

身近な「○○しやすくする」を探して見つけ出す

③ 参加を引き出し、参加を支える

　この「ファシリテーション」という言葉に、私なりにもう一つ、大事にしたい視点・意味を付加します。

　通常、私たちは会議という場に出てくる人たちのことを「出席者」と呼ぶことが一般的です。研修では「受講者」と呼ぶのが常です。

　ある自治体で会議改革プロジェクトを推進するにあたり、「出席者」と呼ばれる方たちに現状をインタビューする機会がありました。

　「あなたが会議のような場で"出席者"と呼ばれている時には、どのような気持ちでその場に向き合っていますか?」と尋ねると、ほとんどの方が「そこにいて、出ていればいい」と答え、「そこで出てきた資料を職場に持って帰ればいい」と言うのです。

　気持ちは出された資料の"お持ち帰り係"。誰かの代理出席になると、その傾向はますます強くなってきます。

　これは極めて「受け身」であり、情報は「一方通行」です。

　会議後に職場の上司から「会議はどうだった」と尋ねられても、「○○みたいな…」といったように自分の言葉で返すことなく、資料を職場内で回覧しても、みなさん忙しいので「見ていない・読んでいない・開いてもいない」という状態なのです。いかに伝達型や共有型の場が現場で機能していないのかが垣間見えるものでした。

　ですから、本書では「出席者」という言葉は使っていません。

　代わりに**「参加者」**という言葉を使っています。

　参加者となれば立場は少し変わって、主催者と会議の場を一緒に創っていくものになります。そこで「あなたが会議などの場で"参

加したなぁ”と思う瞬間、その気持ちの源泉はどのような場面にありそうですか？」と尋ねると、ほとんどの方が「何かひとこと言った時」、「何か付箋などに書いて出した時」と答えるのです。

この「ひとこと言う」、「書いて出す」ことが「参加した」という気持ちの源泉につながる感触を得ました。自分から何かアウトプットするものがあると、ささやかながらも主体的な動きが出て、職場に戻って体験したことを自分の言葉で返しているのです。

そして「ひとこと言う」、「書いて出す」が「参加」につながるとするならば、**ひとこと言ってもらう「聴き出す力」と何か書いて出してもらう「書き出す力」を持つ「ファシリテーション」は、「参加を引き出す力」であり「参加を支える力」であろうと捉えています。**

行政ではよく、参加性を持たせたい趣旨から「参加型○○」、「市民参加」、「住民参加」などの言葉を使っています。これらを具体化するには、「いかに相手側に動きをつけるか」が要諦です。相手にひとことも話をさせず、何の動きもつけないような場では「参加」とは言い難いものがあります。

つまり、**相手がただそこにいるだけという「静止画モード」ではなく、「動画モード」で相手が少しでも動いている場面を想像できるかどうか、さらに「参加しやすくする」ためどのような場づくりを行うのかを考えることがポイントです。**

ポイント

相手に動きをつけることで「参加」の状態を創り出す

改善マインドを大切にする

　ファシリテーションは「○○しやすくする」状態になるように、「表」では参加者や場に対して「支援する」、「促進する」、「円滑にする」、「助長する」といった、「道筋（プロセス）」を包含した機能を果たします。英和辞典では「容易にする」の後に並ぶ意味です。

　そして、この**ファシリテーションの機能を担い、活かす人がファシリテーター（facilitator）です**。一般的には「支援者」、「促進者」と訳され、会議などの場では「進行役」などと呼ばれます。

　それでは、ファシリテーターは「○○しやすくする」ために支援する、促進する、円滑にすることを実現していく際に、その「裏」では具体的に何をする人なのでしょうか。

　まずは、第1章「4 会議の『3つの弱点』とその克服法」（P8）で触れた3つの機能を行います。

　話しやすい環境やプログラム、わかりやすい資料をつくるなどの**「準備」**。声を出しやすい雰囲気をつくり、相手が応答しやすい投げかけをするなどの**「対話」**。そして、話の内容を理解しやすく書き出し、話の全体像を掴みやすくするなどの**「可視化」**です。

　加えて、「この場は誰（何）を対象に、どのような状態からどのような状態にするのか、そのためには何を容易にすればよいのか」を考えて実行するために、その場の空気を読みながら参加者の心情に寄り添う**「観察」**を行います。

　さらに、仮に一度やった会議がとてもわかりにくく、やりにくいものだったとするならば、同じことを繰り返しても意味がありませ

んから、次回はわかりやすく、やりやすくするために場を振り返っ
て、次の手を打つ**「改善」**を行っていきます。

　このようなことをやっているのがファシリテーターです。

　ですから、**ファシリテーターは基本的には「裏方」です**。場の主
体はあくまでも参加者側にあります。ただ、前に立っているために
目立ってしまうだけであって、いわば「裏方の中の表方」に過ぎず、
参加者の「○○しやすい」を陰で支えるのです。

　また、みなさんは会議を行う際に、その場をより良くするために
何か創意工夫や改善を行ったり、やろうとしていませんか。

　その**「より良くしよう」という気持ちを大切にしてください**。

　率直に言えば、**日頃から物事を「より良くしよう・したい」とい
う「改善マインド」を持っている方は、ファシリテーションにとて
も馴染みます**。この言葉を知らなくても"天然"でやっている人は
世の中にたくさんいます。逆に旧態依然として、「こんなもんだ」
と思ってしまうような人にはなかなか馴染みません。どんなに万巻
の書を読み、研修などで何度も学んでも、この「より良くしよう」
という気持ちが働かなければどうにもならないのです。

　程度は問いません。まずは「より良くしよう」と考えること。そ
れだけであなたは既に一歩・半歩を踏み出しています。具体的なや
り方は後からついてきます。

● ポ イ ン ト ●

「より良くしよう」という「改善マインド」を持とう

5 ファシリテーターに求められる役割

ファシリテーターには、「**中立的な立場で、チームのプロセスを管理し、チームワークを引き出し、そのチームの成果が最大となるように支援する**」(フラン・リース著／黒田由貴子訳『ファシリテーター型リーダーの時代』(プレジデント社) より) ことが求められ、期待されています。具体的な役割をもう少し詳しく解説します。

まず、「**中立的な立場に立つ**」には、2つの視点があります。

1つ目は、そこに掲げられた**議題やテーマに対して中立**であること。「ここでひとこと言いたい…」という気持ちをちょっと抑えて、進行するというプロセスに心を砕いていきます。ただし、まったく発言してはいけない、ということではありません。会議においては「自分は参加者の中で最後に発言する人」という気持ちで他の参加者の発言を促す側に回ります。

2つ目は、**参加者に対しても中立**であることを心がけておきましょう。特定の人に肩入れするとか発言が偏ることがないように、参加者に可能な限り発言(＝参加)の機会が行き渡るように配慮していきましょう。

次に、「**チームのプロセスを管理する**」です。極端なことを言えば、そこで何が話され決まったか、ということよりも「どのような雰囲気をつくるのか」、「どのような問いでみなさんに考えてもらうか」、「どのような小道具が必要か」などなど、そこまでに行き着くプロセスに対して意識を集中させます。**議論の中味を誘導するので**

はなく、あくまでも「進め方」を誘導していくのです。

　そして「**チームワークを引き出す**」。誰かひとりだけが頑張っているのではなく、わざわざ集めていることを最大限活かしていくために、参加者みんなで一緒に取り組んでいく状態を創り出していきます。「**ひとりでやらない（抱え込まない）、ひとりでさせない（丸投げにしない）、ひとりにさせない（寂しい思いをさせない）**」という視点で場を見渡して、気になる人には声をかけていきましょう。

　最後に、「**チームの成果が最大となるように支援する**」です。先ほど、中身よりも進め方という説明をしましたが、そうは言いながらも出てきた成果が最大となるような支えをしていきます。例えば、プロセスの途中で出てきた言葉の意味や話の結論などをきちんと「**確認する**」ことや参加者同士の足並みを揃えていくために前回の中身を「**振り返る**」ことが大切です。せっかく時間をかけて積み上げてきた成果が雲散霧消してしまわないようにしていきましょう。

　つまり、ファシリテーターは単に時間通りに進捗管理をして台本を追う司会者でも、持っている知識を一方的に伝える先生でもありません。**参加者を主体に共に何かを創り上げようとする姿勢とそのような場を創り出して支えるための行動が求められるのです。**

ポイント

ファシリテーターは参加者と共に場を創り出して支える

基礎編

6 管理と支援のバランスを取る

ファシリテーターには「支援者」としての立ち位置があります。改めて「支援」とは何かを「管理」と照らして考えてみましょう。

管理とは「自分から出発して相手を変える行動様式」（舘岡康雄『利他性の経済学―支援が必然となる時代へ』新曜社、以下同様）、それに対して**支援は「相手から出発して自分を変える行動様式」**を指します（図表5）。

【図表5】管理と支援の本質的な違い

	管 理	支 援
行 為 者	自分のことを知らせて（計画）相手を変えることによって、自分の意図をはたす。	相手のことを知って、自分を変えることによって、相手の意図をはたす。
被行為者	相手のことを知らされて（計画）自分を変わらせられることによって、相手の意図をはたさせられる。	自分のことを知ってもらって、相手に変わってもらい、自分の意図がはたされる。

本質的な違いとは：**管理は自分から出発して相手を変える行動様式**
支援は相手から出発して自分を変える行動様式

（出典：舘岡康雄『利他性の経済学―支援が必然となる時代へ』より）

図表中、行為者＝行政、被行為者＝住民と置き換えてみます。

すると、管理が優先される場というのは、行政が相手である住民を自分の意図を与える対象として扱い、住民は行政の意図の下での"やらされ感"が起こる可能性があります。ただ、管理は徹底させる、足並みを揃えるといった場面では必要なことではあります。

24

それに対して支援が優先されると住民の様子を知って相手に耳を傾けてその都合や意図を汲み取りながら向き合うことになりますが、支援ばかりになると行政の意図は通じにくくなります。

ですから、**その場の目的に照らして管理と支援のバランスを取っていくことが大切です。**例えば、法に照らして徹底すべきことは「管理」で、逆に相手に寄り添うならば「支援」の姿勢が必要です。

ただ、住民に対するこれまでの行政の言動を振り返ると、このバランスは取れていたでしょうか。例えば、行政の部署名には「〇〇支援課/係」と「支援」という言葉が多く使われている一方で、行政の都合がより優先されて物事が進められてきたケースが少なからずあったかもしれません。特に限られた制度、予算、人員などの中で物事を進めるとついつい「管理」を行いがちです。

今一度、自治体職員は何を・誰を起点に物事を考えるのか、私たちはそもそも誰のために存在するのかを強く意識しましょう。

もし、多くの住民の参加から得られる声を地域のニーズとして受け止めて、その声に向き合って支援していくのであれば、より相手の存在を起点とすることを強く意識する必要があります。

つまり、**会議の場における支援とは「相手（＝参加者）を起点として考えていく」**ことを大切にし、**会議の主体は主催者だけではなく参加者と共にあること**をしっかり肝に銘じておきたいものです。

ポイント

支援は相手の存在を意識して「参加者起点」で考える

共有と参加のプロセスを大切にする

　会議には時に"シャンシャン会議"と言われる形式的な場が数多くあります。効率的に手続きをきっちり踏むような際には必要なこともありますが、ただそれだけでは参加者には発言の機会もなく、何のためにそこにいるのかは見えにくくなってきます。

　さらに、時間のなさを理由にあまりにも効率的な進め方を強く意識して、既に出来上がった台本通りに一言一句そのまま進め、決めた結果に向かう「予定調和」の雰囲気の場もよく見受けられます。

　行政でよくある例は、計画づくりの委員会で事務局提案の計画案について委員からの内容確認の質疑応答のやり取りに終始し、場合によっては委員の承認だけになってしまうようなケースです。

　確かに市民に提案するからには事前にしっかりと準備をして、内容も内部で十分に精査して作り込み、完成度の高い非の打ちどころのないものを出したいものです。そして頑張った分だけ、できればそのまま認めてもらいたい気持ちは働くでしょう。

　ただ、今の時代の流れは早く、かつ、答えや正解のない時代とも言われています。そのような中で自分たちだけで考えたことが果たして本当に大丈夫なのか、それは100点満点なのかと尋ねられると、胸を張って「そうです」とは言いにくい様相もあります。

　さらに、自治体職員は人事異動が激しく、素人がいきなり担当という名のもとに、さもわかっているように振る舞わなければならないことは辛いものです。そのような時にこそ、予定調和ではなく「聴いてみないとわからない」、「やってみないとわからない」と素直に

なって、日々のくらしの中に生きる住民や現場の関係者に状況や想いを聴いて、専門家などの知見を活かしながら一緒に考えていくことが大切です。そこには多様な人々の参加が必要になります。

ファシリテーターは結果を求めつつ、併せて**参加者と共に創り上げていく視点から、会議の場への参加が可能なプロセスづくりにも心を砕きます。**そして予定調和的ではない要素を包含しながら**進め方を導いて、目的に向かう「交通整理」をしていきます。**

さらに、会議プロセスへの参加を通じて「このテーマは少なからず知っている・理解した」という「情報の共有」と、「自分もメンバーだ」という「気持ちの共有」を基にした**参加者の「納得感」を引き出すことにも注力していきます。**この納得感によって、参加者の気持ちを他人事から自分事（当事者意識）に切り替えて、主体的に協力して一緒に取り組んでいく基盤を創り出します。

例えば、地域活動に関わる人たちについて、行政からの一方通行の「お願い」だけでは動かなかったものが、事前に早い段階から十分な情報共有をして相談を重ねていくプロセスを経ていく中で、自分事として「よしわかった」と納得して動き始めるようなケースは多々あります。

この「共有と参加のプロセス」こそが結果的に行政と住民の協働（共働）につながる基盤でもあるのです。

ポイント

共有と参加のプロセスを大切にし「納得感」を引き出す

⑧ 「3つの協働（共働）」を支える

　ファシリテーションの考え方や機能は、行政の現場において様々な活かし方があります。特に多様な人たちと目的を共有しながら物事に向き合って一緒に考えて行動していく「協働」（筆者が住む福岡市では「共働」と表記）を進めていく際には必須のものです。

　まず、協働には3つの組み合わせがあります。

　1つ目は、**「住民と住民」**の協働。これは地域コミュニティに代表される、多様な住民同士が地域でお互いに支え合うものや、民間と民間の関係の中で主体的に動いているものも含まれます。

　2つ目は、**「住民と職員」**の協働。地域の課題や社会的・今日的な問題に対して、多様な立場や専門性を掛け合わせる中から強みを発揮し合うなどの相乗効果で問題解決にアプローチするものです。

　そして3つ目は、**「職員と職員」**の協働。いわゆる"庁内協働"のことで、行政組織内のタテ・ヨコの関係性を良くして、職員と職場の持てる力を最大限に発揮し合うものです。

【図表6】　協働（共働）は3点セット

住民×住民

住民×職員

職員×職員

**　この3つの協働が同時に動いて、相互に絡み合っていくことで**

地域全体が動き出し、秘めた底力がさらに発揮されるのです。

そして、この「協働（共働）」はいきなり始まるものではありません。まずは、お互いのことを知り合う「共有」から始まり、その中から接点を見出す「共感」が生まれ、そして何か一緒にやっていこうとする行動が起こる「共働」、さらに新たなことを生み出す「共創」につながっていく物語のような流れがあります。

【図表7】共働へのストーリーと会議

《物語》	《共働へのプロセス》	《会議》
起 → 承	共有 ← 共感 ← 時間がかかり面倒だが、より良い成果のため欠かすことのできないプロセス	共有 → 発散
転 → 結	共働 ← 共創 ← 難解なプロセスに準備不足状態で取り組んでいる。	収束 → 統合

会議においても、お互いのことを「共有」し、言葉や想いを出し合って「発散」を重ね、その中から一致点を見出して「収束」につなげて、最終的には「統合」（もしくは「決定」）に至ります。

会議の場でこのような流れを支えることを通じて、住民同士や住民と職員、職員同士の関係性と活動がより良く進むよう協働（共働）を促していくのがファシリテーションの醍醐味なのです。

ポイント

多様な協働（共働）の場を支える醍醐味を味わおう

コラム1

ファシリテーションへの期待

　ファシリテーションへの期待の背景として今、産学官民問わずにありとあらゆる現場で「限界集落化」が進んでいることを感じています。人と人の関係やつながりが切れてしまった地域、組織、職場などに忽然と現れ、高齢者福祉でもよく使われるこの言葉は老若男女を問わずに他人事ではなくなってきました。

　例えば、地域や職場で久しぶりに会ったメンバー同士が声を掛け合って「安否確認」を行い、職場では人事異動や雇用形態の多様化と流動性が高まるほどにお互いの名札を見ないとその人の存在も「認知」されないなど、地域という名のコミュニティと職場という名のコミュニティで起こっていることが相似形となってきています。

　職場では、知らず知らずのうちにひとりぼっちになり、孤軍奮闘・孤立無援になっている人が増えてきています。そして自治体の仕事の対象分野の幅が広がる中、行財政改革の流れの中で正職員の減少による「ひとり職場」の激増がこれに拍車をかけ、仕事やプライベートの悩みを分かち合う身近な相談相手が周囲からいなくなり、自分のことで精一杯で他人には無関心になっているのが気になります。

　さらにインターネットやSNSの存在の日常化によって物事が個人で完結できるようになると、人が人と直接話をする機会が減って雑談は絶滅危惧種となり、ベテランから若手への技術などの口伝伝承の場も徐々に姿を消しているようです。加えて、1990年代中盤以降の就職氷河期の採用者数激減の影響で世代間の労務構成が歪となり、それをフォロー

すべく民間経験者の中途採用者数を増やしていくことで職場の構成メンバーの背景も多様多彩になってきています。コミュニケーションの質も変化して世代間の意識のギャップも深まってはいないでしょうか。

　一方、住民側も都市部を中心として人口流動性が高まれば住民構成が多様となり、定住政策やIターン・Jターンが進むほどに、住民の多様性がどこにおいても日常の風景となっています。そして個人情報保護の風潮も相まってか、お互いのことを知らない、知らせない、知りえない、知ってもらえない状況がじわりと広がると住民同士のつながりの質の行方が危惧されます。

　さらに、地域や社会の問題解決に向けた協働や連携の場づくりでは、人々のニーズや価値の多様化・複雑化・複合化によって、それに対応するメンバーの構成も多様化します。医療・福祉分野の「多職種連携」に代表される多様な知見や専門性が、その立場を超えて融合していく必要性はますます高まってきています。

　このように、私たちは日常的に「分断」と「多様性」の真っ只中にあり、時代の当事者として身近なところで協働する必要性が高まっています。地域や社会の中に横たわる困難に立ち向かうには、その当事者同士が対話を通じてお互いの背景や思いを共有し、そこから湧き出る共感を基につながって具体的に動き出す必要があります。

　このような多様な人同士の確かなつながりを創り出し、新たな創発を起こして問題解決の基盤の質を高めるために注目されている機能が「ファシリテーション」なのです。

ファシリテーター
を支える言葉

1

「あなたは何かを知っていながら、
それでも行動に移そうとしないなら、
あなたは内部から腐敗するのみである」

(E・F・シューマッハー)

　第1章で触れたように、多くの知識やスキルを知っていても、現場で意識的に使わなくては宝の持ち腐れ。これは進行役のみならず、参加者においても同じことで、「こうすればいいのに…」と思うのであれば、少しでも事が前に進むように、自分からは何が貢献できるのかを同じ立場で考えてやってみることが大切です。

　陽明学に「知行合一」という言葉があります。知識と行為は一体であり、本当の知は実践を伴わなければならないというこの教えは、何のために学ぶかを考え、学んだことを実践してみる意味を問うています。ぜひ、知って学んだことは実際にやってみましょう。

技 術 編

第3章

参加したくなる会議の
「準備術」

あなたは会議の事前準備は日頃からきちんと行って
いるでしょうか。準備を頼まれたら、何から考え始
めるでしょうか。「段取り八分」という言葉もある
ように、会議においてもその事前準備は非常に重要
なものです。第3章では会議の「準備」の基本につ
いて考えます。

会議の目的と目標を設定する

　会議の準備と言えば、真っ先に想い浮かべるものとして「日時を決める」、「会場を押さえる」、「参加者を集める」、「資料を整える」ということがあります。もちろんこれらも大切な準備ですが、他にもこと細やかに配慮すべき事柄がたくさんあります。

　その中で特に大切なのは、会議の方向性と求められる程度を共有するための「目的」と「目標」です。

　まずは、会議の「目的」を確認します。第1章で触れた**「なぜ、わざわざ集める・集まるのか」**を常に意識しておきましょう。

　特に、昔から定例的に開催している組織内部の会議は今一度「この会議の場は必要か。必要であれば何のために、何をめざして行っているのか」を再確認しておくことをお勧めします。

　この目的があやふやだと会議は往々にして迷走し、担当者や参加者は"やらされ感満載"になりがちで、目的を見誤ると適切な手段も選べなくなります。逆に場が混乱した際に立ち戻るのも目的です。

　会議はあくまでも何かを成し遂げるための「手段」です。会議を開催すること自体が目的化しないように細心の注意を払うことが肝要です。**目的は会議という場のみならず、非営利組織である行政のありとあらゆる運営の基軸となる存在**ですので、折々に必ず確認し、参加者とも共有しておいてください。

　次に、「目標」の設定です。目的は「遠くて漠とした抽象的なすぐに手に入らないもの」ですが、目標は目的にアプローチしていく

ために「近くでハッキリと具体的に獲得しやすいもの」です。

　会議の**目標は「今日は何を決め、何をどの程度まで行うのか」を定める「議題」、「テーマ」、「ゴール」という形で示されます。また、会議の議題は漠然とした「○○について」ではなく、「○○を実施するために必要なことは何か」という論点が明確な表現で設定します。**

　併せて、その議題たる**目標をどの程度まで進めるかも提示します。**議題は程度によって、決める要素がある「審議」、決めずに意見交換やアイデア出しや相談をする「協議」、話を聴いて情報共有する「報告」の3つに分類されます。これらは事前に整理・分類して、参加者とも共有しておくことをおススメします。

　さらに、会議で何か作業を伴ってアウトプットする要素がある場合はそのイメージを事前に伝えておくほうが親切です。例えば、「報告書を出す」、「みんなでキャッチフレーズをつくる」といったものです。この**アウトプットの有無や程度によって会議を進めるプロセスはガラリと変わります。**例えば、資料作りで、職場共有用なのか首長の記者会見用なのかのゴールのレベル感によって作成作業の程度や進め方が変わるのと同じことです。

　これらの**目的と目標（程度の設定も含めて）の事前準備は原則として主催者側の責務**です。主催者側がハッキリさせて参加者に対して会議の冒頭にしっかりと提示して確認・共有をしておきましょう。

ポイント
目的と目標を設定して会議の方向性をわかりやすくする

会議をつくるための３つのデザイン

　会議の目的と目標は、会議の前後を含めた全体の流れである「プロセス」と会議の場の動きを具体化する「プログラム」をつくり、それらを支える「マネジメント」を行う際に、大きな流れを創る基盤になります。特に何回かの回数を重ねるロングランな委員会やプロジェクト型の会議では、常に整合性が取れているかを確認します。

　ここで会議をつくるために必要な３つのデザインを紹介します。

　まず、もともとの大きな流れやチーム活動全般の計画を設計する**「プロセスデザイン」**です。例えば、事前に情報収集をする、会議の企画をする、データ分析作業を行う、報告や根回しをする、フォローアップ活動を行うなど表には現れない"つなぎの活動"も含めた全般的な流れです。この流れは時間軸としては短期間から数年にわたるロングランなものまで長短がありますが、**最終的には目的に向かった流れであることが大切なポイント**です。

　次に、一つひとつの会議の場の段取りを検討する**「プログラムデザイン」**です。例えば、必要な議題の内容や程度を定め、会議の進行表やタイムテーブルを作成し、会議に必要な資料や道具など、限られた時間の中でより効果的に進めていくための素材を効果的に組み合わせます。その中で一つひとつのプログラムをより効果的に進めていくために「アクティビティ」と呼ばれる手法を選択します。例えば対話を進める手法である「ワールド・カフェ」（P100参照）や様々なフレームワーク、付箋や模造紙などを使った手法です。プ

ログラムデザインでは、**目的に向かっていくための一里塚として必要かつ具体的な目標を設定しているか**をチェックします。

　さらに、会議の場を物心両面で支える**「マネジメントデザイン」**です。例えば、プロセス全般を支える人材を配置し、予算を確保し、主催するために必要な運営体制づくりや多様な専門家などとの調整、内外との協力体制をつくって推進することです。ここでも具体的な目的や目標が定まっていないと、例えば予算要求の際には説明に窮するといったことが起こり得ます。しっかり軸をつくっておきましょう。

【図表8】会議をつくる３つのデザイン

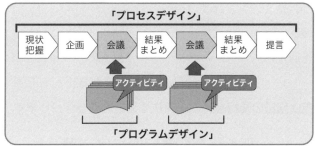

(出典：堀公俊・加藤彰『ワークショップ・デザイン―知をつむぐ対話の場づくり』より筆者が一部加筆改訂)

　これら３つのデザインを整理することで、会議の準備の枠組みと守備範囲の全体像が見えてきますのでしっかり確認しましょう。

ポ イ ン ト

３つのデザインを整理して全体の流れを掴みやすくする

参加者の理解を助ける情報整理

　会議の場で行き交う大切な素材として「情報」があります。

　限られた与件の中で効率的に会議を進めていくために、この情報をいかに事前に整理しておくかは準備の大きなカギです。

　まずは、資料作りです。アジェンダと呼ばれる会議次第、議題を検討・情報共有するための本資料、参考データなどの補足資料などがあります。

　まず、会議次第（アジェンダ）は、「会議終了時にどのような状態でありたいか（目的と目標)」、「どのような情報があれば、参加者が共通認識を持って会議に臨みやすいか（情報共有)」、「どの議題にどのような論点があって、どこまで話を進めるのか（議題の形態)」を意識して作成し、できる限り事前に参加者全員に配布しましょう。**事前配布は当日の進行をスムーズにすることにつながります。**

【図表9】会議次第（アジェンダ）の例

```
■会議名：
■会議の目的：
■会議時間：00:00 ～ 00:00
■会議場所：
■参加者名：
■内容：議題①【審議】○○○○の決定（00:00 ～ 00:00）
　　　　議題②【協議】□□□□の相談（00:00 ～ 00:00）
　　　　議題③【報告】△△△△の共有（00:00 ～ 00:00）
■配布資料：
■次回開催：
```

　配布資料は、**議論全体が俯瞰できるような要点や論点の整理を心がけましょう**。特に、議題の背景や状況を事細かに記述した資料の場合は、情報を提供する側とされる側の情報格差を埋めていくためにはお互いに相当の時間が必要となります。この格差を早めに詰めていくために、提供する側が資料の重要なポイントに下線を引くことや囲みで強調しておくだけでも参加者の掴み具合のスピードが変わってきます。**羅列ではなくメリハリを利かせます**。

　さらにデータなどの補足資料はそのボリュームが多くなりがちです。そのような網羅的かつ羅列的な分厚い資料を渡す場合は、**資料の「要約版」を準備して参加者が全体像をざっくりと掴みやすくなるように工夫します**。例えば、文章を表にまとめる、地名を地図に落とし込む、数字をグラフに表すといった視覚的にわかりやすくなるひと手間をかけることで参加者の理解のスピードを上げます。

　これらの資料は"紙ベース"であれ、電子化されたデータであれ、内容が整理されて初めて活きるものと心得ましょう。

　そしてもう一つ、会議の場で提供される情報には、言葉で行き交わす"音ベース"のものがあります。せっかく準備した資料を棒読みで終始するのではなく、**「説明」や「発言」の内容のポイントを絞って、話し方にもメリハリをつけ、大切なことは繰り返して伝えることができるように内容を整理して会議の場に臨みましょう**。

ポイント

参加者が理解しやすくなるための情報整理を意識する

4 役割分担でチームづくりにつなげる

　会議の場での役割分担も準備の大切なポイントです。

　役割が決まっていないと誰が何をするのかが明確でなく、時間ばかりが過ぎて大変非効率な場になってしまいます。特に初対面同士の場はお互いに「お見合い」をしてしまいがちですので、少人数の会議でもある程度の役割は決めておいたほうが望ましいでしょう。

　会議という場で必要とされる代表的な役割には「進行」、「記録」、「意思決定」、「情報提供」、「タイムキープ」の5つがあります。

　「進行」は会議を進める役割です。ファシリテーターがこの役割に専念して、会議の流れを意識しながら話し合いのプロセスの交通整理をします。話し合いの内容そのものは参加者に委ねます。

　「記録」は議事録を取る、ホワイトボードに板書するといった書記の役割です。会議の程度によって一言一句そのまま残していくものから要約して書き残すものまで様々あります。自分のためのメモと違って、後で他の参加者や外部と共有するものになりますから、正確に記録することが求められます。

　「意思決定」は、意思決定者としての権限や多数の意見に従うだけでなく、参加者の多様な意見の中から皆が納得するように決定することが大切です。また、会議で結論が出ない場合には妥協案を提示することや議題を一時保留するなどの調整の役割を果たすこともあります。意思決定者がいる場合は、その役割に特化させるために進行役とは兼務させないやり方もあります。逆に、意思決定者が存在しない、全員が対等な立場の場合においては「決め方を決めてお

く」ことが肝要です。決め方で揉めないようにするために進め方や決め方のルールを設定することをお勧めします。

　「情報提供」は議題の趣旨や背景、話し合いに必要な情報や共有事項を伝える役割です。特に外部のメンバーにお願いする場合は、事前に会議の目的や目標、具体的な内容と持ち時間を知らせ、会議の趣旨に外れないように配慮してあげましょう。

　「タイムキープ」は時間を管理する役割です。通常は進行役が兼務するケースが多いため、わざわざ置くことは少ないです。しかしながら、議論が白熱して時間を忘れる、あるいは逆にダラダラして無駄に時間が過ぎるような際には、進行役以外からも「時間は大丈夫か」と意識させる役割が必要な場合があります。

　これらの役割は往々にして一人が兼務することも多く、さらに意外と固定化されがちです。いつも同じ人がなんとなく同じ役割をしているということはある面では安定感もありますが、そればかりではその人の負担が大きく、「あの人がやってくれるから…」と参加者の参加意識が薄まる可能性もあります。

　そこで、**進行や記録、情報提供は議題ごとに入れ替わっていくことで参加者に出番をつくるのも良いことだと考えています。**

　可能な限り、多様な参加者が役割を分担することで会議の場をチームで動かしていく雰囲気をつくりたいものです。

ポイント

役割は固定せず参加者で分担してチームづくりにつなげる

参加を促すための人数に配慮する

　準備では、会議を何人でやるかという「構成人数」を考えることも必要です。大人数と少人数には一長一短があります。

　まず大人数には、いろいろな立場からの個々の多様な意見や想いを出し合える楽しさと多くの人たちが関わるダイナミックさがあります。ただし、収束には不向きで、大人数の前では発言がしづらく暗黙のうちに同調圧力を感じさせることがあります。また、一人ひとりの参加性が薄くなる危険性もあり、「私が言わなくても（いなくても）、誰かが言って（やって）くれるだろう」という依存心も生まれやすいのです。さらに、参加者の日程調整や全員発言などには時間がかかる要素が多く含まれます。

　それに対して少人数では、比較的収束しやすく参加者からの発言機会も増えて参加性を高めることができ、こぢんまりした分だけ小回りも効きます。また、個々の存在感が高まって「私がやらねば、誰がやる」という気持ちも湧きやすくなります。一方で、中身の多様性には限界があり、違う視点からの意見や新たな発想などが出にくいマンネリ化した場になる心配があります。

　ちなみに、**会議の適正人数は様々な見解や筆者の経験則からも概ね「4〜6人」が話しやすくて良いと言われています。**
　3人でもある程度のバランスが取れてきて「3人寄れば文殊の知恵」のことわざのようにアウトプットの質・量ともに期待が高まります。これが1人になると自分のペースで沈思黙考もできますが、

思い込みが出やすくなってミスも生まれやすく、2人では対話がで
きる環境になって相談相手ができるものの、意見が割れた際には対
立が生じることもあります。少なすぎるのも難点あります。

　逆に人数が増えて7人以上になると、例えば3人／4人の二手に
分かれてしまうなど一緒になって話しにくい状態が徐々に出始めま
す。それでも増やさなければならない場合には、概ね10人くらい
までが会議を円滑に進める規模感と考えられています。

　このような人数の多寡の特長を捉えて、**会議の目的と目標に合わ
せて、進めていく流れの中で人数の設定を臨機応変に変えていく**こ
とを考えてみましょう。例えば、最初は大人数で情報共有し、次に
4〜6人の少人数に分けて突っ込んだ話をして各々にまとめ、最後
にまた一緒になって全体で結果を共有するという具合です。
　**特に少人数に分けるタイミングが参加を促すポイントになりま
す。人数が持つ「強み」を活かして柔軟に変えることを意識してみ
てください。**

　このように、人の存在は会議がどのような展開になるかを事前に
察知する重要な要素となります。参加者が置かれている立場、人数
や組み合わせは参加者個々人の場における役割にも影響を及ぼすこ
とがありますので十分に意識しておきたいものです。

ポイント
話す場の人数を柔軟に変えることで話しやすくする

時間への意識向上で会議の質を上げる

準備の中でもかなり悩ましいのが「時間」に関することです。

参加者が共有する会議時間をお互いにロスタイムにすることなく、限られた時間を有効に活用して「時間の質」を向上させていくために、まずは次の3つのポイントを押さえておきましょう。

最初は**「優先順位」**です。特に複数の議題がある場合には**議論の対象として「やるか・やらないか」を判断し、そして「どこからやるか」を考えます。**今日決めなくてもよいことに時間を割く必要はありません。また、期限が迫っているものや段取りとして先に決めておかないと後のことが滞ってしまう案件は優先度が高いものです。会議の目的と目標に照らして優先順位を判断し、**よほどの緊急性や必要性がない限り、新たな話題のその場での議題化は避けましょう。**

さらに、**議題の優先順位に応じて意思決定者や情報提供者などキーパーソンとなる人の同席のタイミングも見計らいましょう。**その人の存在や持っている情報によって、参加者間での「わからない・知らない」といった堂々めぐりの時間を防ぐことができます。

次に**「時間配分」**です。すぐに判断できて片づけられるものはどんどん確認して決めてしまいましょう。しかし、時間のかかる案件やじっくりと考えなければならないもの、多くの意見を必要とするものなどについてはそれなりの時間を配分すべきです。**議題別の話し合いの程度（審議・協議・報告の区別）と必要時間を発題者に事**

前確認しておくと時間配分の参考になります。

　最後に**「終了時間」**です。終了時間を決めていない会議は意外と多いものです。これではダラダラと時間だけが過ぎてしまいます。**まずは時間的なゴールとしての終了時間を決めておきましょう。締切りを意識することで時間の質を高めていくのです。時間内に終わらせると同時に、開始時間の順守も併せて意識付けると効果的です。**

　これら3つのことに私たちは意外と昔から意識付けの訓練を受けています。それはテストや試験の場面です。複数ある問題を限られた時間の中で解けるか解けないかを判断し、できるところから手をつけ、時計を見ながら残り時間を気にして取り組む姿です。この要領を会議という場においても臨機応変に応用してみましょう。

　また、時間への工夫は会議時間中だけではありません。例えば、資料づくりにかける時間も完璧さに縛られずに必要に応じて簡単なメモや手書き、概要や要点での対応も方法の一つです。資料は事前に配布して意見聴取や共有をしておくことで本番の時間短縮につながります。また、会議場所への移動や待機時間もオンライン化によって短縮が可能になってきました。**これまでの「形式美優先」に固執せず、会議への参加意欲を高めていく工夫を重ねていきましょう。**

ポイント

時間への意識と工夫で会議への参加意欲を高めていく

話しやすい距離感をつくる空間配置

　会議の準備の代表格の一つに会場レイアウトの設定があります。部屋の使い方、特に机と椅子のレイアウトには様々なものがありますので、会場の部屋が決まったら、目的に合わせて選びましょう。

　代表的な形式には、スクール型、シアター型、ロの字型、コの字型、アイランド型、ラウンドテーブル型があります。

【図表10】会場レイアウトの形式

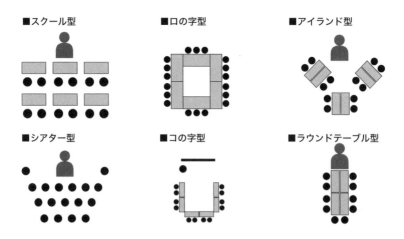

■スクール型
■ロの字型
■アイランド型
■シアター型
■コの字型
■ラウンドテーブル型

　スクール型は、学校の教室のように全ての机・椅子が正面を向いています。ただ、参加者全員でのやり取りには向きません。

　シアター型は、椅子だけを正面に向けて並べます。机がないので省スペースですが、筆記の際は下敷きが必要で少し不便です。

　ロの字型は、典型的な会議のレイアウトです。参加者全員が顔を

見合わせるので部屋の広さが必要で、大人数では緊張感もあります。

コの字型は、報告や説明を行いながら進める会議によく使われ、ホワイトボードなどで話の内容を確認・共有しやすい配置です。

アイランド型は、椅子と机を組み合わせて複数つくるものです。少人数での対話や共同作業を行うには便利なレイアウトです。

ラウンドテーブル型は、全員で1テーブルを囲みます。形として一体感はありますが、大きすぎると互いの姿が見えにくいものです。

これらの型にはそれぞれに一長一短があります。その特徴を知っておくことで、会議の目的に合わせて臨機応変に机と椅子を動かし、組み合わせて使いこなすことが必要です。プログラム内容や参加者の状況によって場を積極的に転換させることもあります。

例えば、最初の報告をスクール型、少人数での協議はアイランド型、最後の決定はロの字型と話し合いのスタイルが変わるごとに人数と共にレイアウトを変更します。

レイアウトの基本は「参加者同士がお互いに顔が見える状態にすること」。特に「距離感」は可能な限り接近したほうが共有しやすくなります。これは人と人のみならず、参加者とホワイトボードやスクリーンとの間隔も同じで、そこにある情報が見えて近いかどうかで参加への意識は大きく変わります。**参加者同士の情報交換や話しやすさを意識して場の状況に合わせて工夫していきましょう。**

ポ イ ン ト

参加者が情報や気持ちを共有しやすい空間配置をめざす

47

8 声を出しやすい雰囲気をつくる

　会議の場づくりで何よりも大切なことは場の雰囲気づくりです。

　会議の場がいつも重い雰囲気だと辛いことこの上ありません。特に、初対面の人同士でいきなり話をすることは少なからず緊張感や抵抗感があります。自分の思いを伝えたくてもいきなり「声を出す」には勇気が要り、時にはリスクも伴います。活発なやり取りを促進するためには、**何よりも「声が出しやすい」柔らかい雰囲気づくりが準備の大切な要と言えます。**

　まずは参加者が"第一声"を出しやすくなるようにしましょう。氷のようにカチカチで冷え切った雰囲気を砕いて解きほぐして温めていくことを**「アイスブレイク」**と
いいます。これにより場は打ち解けて活性化していきます。**その中で最も抵抗のないシンプルなアイスブレイクが「雑談」です。**

　いきなり本題に入るのではなく、世間話をしてからのほうが緊張は和らぎます。参加者同士のちょっとした"音合わせ"のつもりで声を出してみましょう。

　会議の場で雑談的にすぐに使えるものとして、最初に簡単なテーマでひとことずつ言ってもらう「チェックイン」、参加者に簡単な質問をしてそれに手を挙げて答えてもらう「手挙げアンケート」、隣同士で短時間のおしゃべりをしてもらう「バズセッション」などがあります。相手に「ひとこと言う」機会を通じてちょっとした動

きを付けて参加性を高めていく効果もあります。ただし、**アイスブレイクは目的に合わせて緊張をほぐす活動ですので、むやみやたらにやれば良いというものでもありません。**その場の必要性とタイミングに合わせてやる・やらないの判断をしましょう。

　また、**アイスブレイク的な「会議のルール」を共有することで雰囲気をつくることも考えてみましょう。**例えば、「お互いに"さん付け"で呼び合う（フラットに話す）」、「相手の話には必ずうなずいて『いいね』と言う（まずは受け入れ合う）」、「相手の話を否定しない（自分の価値観を押し付けない）」などです。早いタイミングで雰囲気に慣れて溶け込みやすくする工夫としては時に必要です。

　さらに、会場にお茶やコーヒー、アメ、チョコなどを置いておくだけでも随分と場の雰囲気は変わります。特に長時間の会議になると参加者も疲れてきますので、コーヒーブレイクのような休憩時間を入れることによって参加者の気分転換を促しましょう。

　そして**何よりのアイスブレイクは「笑顔」。**まずは主催者や進行する側が肩の力を抜いてリラックスすることで場に和やかな雰囲気を伝えていきたいものです。参加者同士がお互いに穏やかな表情でいるだけでも場は和んできます。表情でも雰囲気をつくりましょう。

✦ ポ イ ン ト ✦

早いタイミングで「声を出しやすい」雰囲気をつくる

会議に必要な道具を揃える

　会議の機能を高める場づくりの道具を準備することも大切です。

　参加者との情報共有に欠かせない備品や共同作業をする際に必要となる様々な小道具をここで紹介しておきます。

　まず、**ホワイトボード**はその場で書けて消せるので、情報共有やちょっとした整理には欠かせません。自立式のものから壁にマグネットや静電気で貼って剥がすことができるシート式まで幅広く出ています。ホワイトボードマーカーも各種ある中で、文字数が多くなりそうなときは細字、そこそこの広さの場所で書くには中字のマーカーを用意しておきましょう。時々、インク切れや使い始めでインクが馴染んでいないものもありますので事前チェックが大切です。

　次に、**プロジェクターとスクリーン**です。部屋の間取りや照明の状況を見ながら、参加者が見やすい位置を決めて配置し、パソコンとの接続状態も事前にチェックしておきます。特に動画や音声を出す際には操作のリハーサルをしておくと安心です。

　抜けがちなのが、**時計やその日の時間割、会議ルール**といった**掲示物**です。進行側はもちろんのこと、参加者への意識付けに役立ち

ます。特に、議題の多いロングラン
な会議の場合は全体の流れを把握・
共有しておくことは進行の支えとな
ります。

また、参加者同士の共同作業で使
うものとしては、**付箋や模造紙、水
性マーカーセット、それらを張り出
すマグネットや養生テープ**などがあ
ります。付箋はアイデア出しに活用
でき、模造紙はホワイトボードの代
用品にもなりますので、いざという
時に備えて身近に置いておくことを
お勧めします。

そして、会議の場の和やかさを演出する雰囲気づくりのためには、
お茶やコーヒーを飲んだり、**アメやお菓子**をつまみながら行うこと
も考えてみましょう。特に休憩時間には場の楽しさと気楽さを演出
して場を活性化させます。息抜きすることも必要なのです。

**どのような小道具があると会議が機能的になって便利かを事前に
思いめぐらしてみてできる限りの準備をしておきましょう。**

ポイント

会議を機能的にするために必要な道具を準備する

参加者の心の準備が場を支える

　日々の様々な会議の場は、いつも主催者側の思惑や力量だけで成り立つものではなく、うまくいかないことのほうが多いものです。ただ、そのような場においても何となく "見えない力" が働いてうまく進む瞬間があります。それが「参加者の力」です。

　会議の準備は主催者が行うのが常ですが、うまくいっていない時は参加者側から働きかけて貢献できることがいろいろとあります。

　まず、会議の目的や目標の中身、程度が不明な際には、主催者との意識を共有するために、**「何のためにするのか」**、**「今日は何を決めるのか」**、**「どこまでやるのか」**などの確認を早いタイミングで積極的に投げかけていきましょう。場の方向性がお互いに見えてくるのと同時に、参加者全員が場の進行に前向きな姿勢を見せると進行役が動きやすくなり、その場の雰囲気を盛り上げることができます。

　次に、**事前準備として配布された資料を読み込み、疑問点や意見などを考えて臨むと、場のやり取りが活発になります。**必要な資料があれば参加者側からも準備を行い、発言内容も整理しておくとわかりやすくなって良いでしょう。会議で**必要な役割分担も参加者側から積極的に引き受けてあげるとさらに効果的です。**

　また、時間は全員の大事な共有物なのでお互いが意識し合わなければなりません。**遅刻などであなたがロスタイムをつくる原因にならないように気を付けましょう。**時計は見えやすい場所において残

り時間を意識しながら会議の進捗の確認を取ります。

　さらに、お互いに話しやすい会議の雰囲気はみんなで創り上げるものです。特に参加者の人数が多いと場への影響は大きなものがあります。**下を向かずに顔を上げてアイコンタクトを取り合い、穏やかな表情で臨みましょう。良好な場とするためには、笑顔や和やかな雰囲気づくりがとても大切です。**うなずきや相槌は「ちゃんと聴いているよ」という暖かなメッセージを伝えます。

　加えて積極的な発言も心がけましょう。他のメンバーの発言を促すために何でもよいので、**口火を切って声を出して参加者同士が話しやすい雰囲気をつくるのも大切なことです。**逆に他の参加者の意見を否定する発言に対しては、「そんなこと言わないで…」といった制止役にもなって進行をサポートしていきましょう。

　必要な小道具もお互いが持ち寄ることによって準備の負担が軽くなっていきますので、声を掛け合ってみてください。

　あなたが進行で困った時に、「ああ…今、この瞬間にこんな参加者がいてくれたら助かるのに…」と思う参加者がふと目の前に神か仏のように立ち現れることはないでしょうか。参加者自身が意識して動き出すと場はさらに活性化されます。会議に臨む参加者の「心の準備」が会議を創り上げていく大切なインフラとなっていくのです。

ポイント

主催者が進めやすくなるために参加者も心の準備をする

技術編

第4章

参加したくなる会議の「対話術」

あなたは会議中の相手の発言をきちんと聴いていますか。また、あなたが発言する際には伝えたいことをきちんと相手に伝えることができているでしょうか。第4章ではコミュニケーションを取る際に必要かつ会議への参加のベースとなる「対話」の基本を紹介します。

対話の位置づけとその必要性

会議を構成する最大の要素は、人と人とが言葉を交わすことです。

ただ資料があるだけでは会議は回りません。言葉の行間に込められた思いや背景などを「聴き出す」ことで引き出し、共有してお互いに交換する中からより良いものを生み出すことが必要です。

早稲田大学マニフェスト研究所人材マネジメント部会専門幹事の伊藤史紀氏によると、一般的に「話し合い」と言われる場にはいくつかのステージ（段階）や性格の違いがあります。

【図表11】「話し合い」のステージ

（伊藤史紀氏による）

まず、自分自身の内側にある想いなどを自らが開示し、それを通じて相手との関係構築を図っていくのが**「会話（conversation）」**です。挨拶や「雑談」から始まって自己紹介でお互いが知り合い、気軽な場で交流して、緊張感をほぐしていくための大切な入口です。

次に、その関係構築を行いながら相手との相互理解を深めていくのが**「対話（dialog）」**です。気軽な雑談から一歩踏み超えた「相談」

のレベルです。すぐに答えや結論を求めようとせずに、「なぜだろう、どうしてだろう」と探求や検証を通じてお互いの背景にあることも考慮しながら、「一緒に考えること」を大切にします。

　さらに対話の中に、「決める」、「まとめる」という意思決定が加わるのが**「議論（discussion）」**です。例えば、首脳「会談」のように、それまで積み上げた内容や想い、関係や理解を統合して強い意思を持って最終的な合意や決定を創り上げていきます。

　そして、自分の立場からの主張を行いながら意思決定に導いていくのが**「討議（debate）」**です。論点を明らかにして意見をぶつけ合い、相手を説得していく話し合いの姿です。

　話し合いは通常、「会話→対話→議論」の積み上げです。その際に、お互いに気軽にものが言い合える関係で相互理解が図れていれば意思決定は迅速ですが、何も知らない者同士での意思決定はかなり困難です。そして今、職場も地域も人の流動性が非常に高く、いきなり新しい人同士で関係性をつくる必要性が増えてきています。そのような中で、**すぐに議論に持っていきたくても「ものが言えない、お互いのことを知らない、相談もできない」のでは、形式上の議論はできても実質的な参加はしにくく納得感は得にくいものです。**

　だからこそ今、地域や組織で求められているのは会話と対話で、**特に議論へつなぐ入り口として対話が大切**なのです。

● ポ　イ　ン　ト ●

対話を通じて参加者同士の関係構築と相互理解を図る

対話は「聴く」と「話す」の掛け算

では、対話とは何でしょうか。

筆者は、対話を因数分解すると「聴く」と「話す」の掛け算であるとよくお話ししています。これは足し算ではなく、掛け算であることがポイントです。掛け算であれば、どちらか一方がゼロならば、対話としてもゼロになってしまうということなのです。

例えば、2人の人が話をするとしたら、どちらかが一方的に聴いていたり、話していたのでは2人の間では対話はゼロなのです。

ですから、最も効果的なのは、双方から同じくらいの声を出し合うことです。例えば2人で「10」の対話の時間や発言機会を分け合ったとすれば、「1×9」ならば「9」、「2×8」ならば「16」…となり、「5×5＝25」の状態が最大パフォーマンスになります。

全く同等に「5×5＝25」で聴く・話すというところまでは求めなくても、せめて「3×7＝21」、「4×6＝24」くらいまでのバランスが取れれば、概ね8割程度のパフォーマンスは得られます。

【図表12】「聴く」と「話す」の掛け算の効果

対話	=	聴く	×	話す
9	=	1	×	9
16	=	2	×	8
21	=	3	×	7
25	=	5	×	5

つまり、できるだけみんながお互いに声を出し合う機会を持つことによって、知らないことを知る、経験のないものを理解すること

ができるのです。また、同じものを見聞きしたとしても、A氏とB氏では感じ方や捉え方は異なります。この差が「気づき」となり、その人の視点を変える、視野を広げることにつながります。

そして、自分が考えていることを他人が全く同じように考えて理解しているとは限りません。例えば下の絵のように、左の人は前にあるものを「6」と言い、右の人は「9」と言います。正面から見るとひらがなの「の」にも見えます。つまり、**人には「認知の限界」があって、いきなりお互いの立ち位置を変えるのは**

難しいのです。「あなたが正しいからと言って、私が間違っている訳ではない。あなたが私の立ち位置から人生を見たことがないだけだ」とお互いの価値観を尊重し合うことによって、違いの中から何かを生み出すのです。

対話は、自分の考え方（主張）を変えずにその枠を超えずに話す「討議」と違って、相手の話を聴きじっくり話し合って「意味づけ」を確認するプロセスの中から自分の考え方が変わって新たな自分と出会う可能性を秘めた場でもあります。

お互いが声を出して、想いや意見を出し合い、聴き合っての相乗効果を狙うには、対話による言葉の"掛け算"は大切なのです。

ポ イ ン ト

聴くと話すの掛け算で対話のパフォーマンスを上げる

「聴く」で相手の話しやすさをつくる

　もし、こちらが一生懸命伝えようとして話をしていても、相手が見向きもせず、目も合わせず、頷きもせず…という状態だったら、あなたはどのような気持ちになるでしょうか。まるで壁に向かって話をするようで手ごたえがなく、本当に聴いてくれているのかが不安になってきます。そこで必要なのが、相手が安心して話すことができ、場の話しやすい雰囲気を生み出す「傾聴（＝聴く）」です。

　傾聴とは「相手に興味・関心を持って意識して聴くこと」です。聴き手に聴く気がないと感じれば話し手は話さなくなるというのは前述の通りです。また、きちんと相手の話を聴いておかなければ、次にこちらが相手に言葉を返す、記録をとることにも苦労します。**会議においては「聴く」姿勢を持って臨むことは、主催者であれ、参加者であれ、会議という場に対する貢献の第一歩です。**

　傾聴の具体的なやり方として気を付けておきたいポイントは3つです。

　1つ目が**「向きあう」**。相手のほうに顔を上げて視線を適度に合わせながら頷くといった「身体」を向けることと、相手の話に興味・関心を持つという「心」を向ける2つの意味で捉えておきましょう。

　2つ目が**「繰り返す」**。相手の言葉や話の内容をまずは受け止めて、軽く要約して復唱して返してあげます。相手に話の内容と共に「聴いてくれているな」ということを確かめてもらうために行います。

　3つ目が**「少し待つ」**。相手の話を受け止めるには、この「待つ」

という姿勢が大切です。よく「対話はキャッチボール」と言われます。キャッチボールは相手の球を受け止めてからその球を返すことですが、受け止めず（聴かず）にこちらから先に別の球を投げて（話して）しまうと、これは"ドッジボール"になってしまいます。

特に相手が沈黙すると、実際は相手が「考え中」でも待てずについつい話しがちです。「考えているんだろうな…待とうかな…」という姿勢は相手の球（＝言葉）を待って「聴く」という姿勢なのです。

実は、**傾聴の「聴」の字は「聴（ゆる）す」と読みます。**

聴くことは相手を許す行為です。ですから、話を聴いてもらえたというのは、そこにいて語ることが許されている状態を表します。

ちなみに、都道府県庁や市庁舎の「庁」の旧字体は「廳」。元々は人々の話を聴く場所だったようです。もし相手から何かを聴き出そうとするならば、相手に何かを求めるよりも前にこちらが相手を許す立ち位置にいるかどうかを考えてみましょう。そうすると相手は「話しやすく」なり、参加のハードルが下がってくるのです。

「聴き合う」とは「許し合う」こと。「人の話を積極的に聴くファシリテーターは、他に欠点があったとしても、それを帳消しにできる」という言葉もあります（P94参照）。**誰よりも先に参加者の声を聴いて許すことで「話す＝参加の場」を創ることはファシリテーターの最大の役割であることを意識して対話を始めてみましょう。**

ポイント

聴いて許してもらえる話しやすさが参加の場を創る

「話す」で相手の聴きやすさをつくる

　あなたは相手のことを気にせずに自分の都合で話をしてはいない
でしょうか。また、伝えたいことがあればいくらでも話をしてしま
うがために冗長になってはいないでしょうか。話す側が迷走すると
聴く側も確実に迷走します。ここではお互いの共有物である貴重な
時間を大切にしていくための「話す」について考えます。

　まず、**事前に話す内容を整理しておきます。特にまとまった話を
する時には、ポイントになることをざっくりと１分程度で話すく
らいに要点をまとめておきましょう。**あれもこれも話すのではな
く、伝えたいポイントを絞り、話の流れの骨子やキーワードをメモ
でまとめておくことをお勧めします。的を射た的確なまとめを自ら
が行っていくことで相手の理解を助けることができます。

　では、相手が聴きやすい話し方のポイントを３つご紹介します。
　１つ目は、**「息を短くする」**。発言は長くなると聴く側にとって大
変な負担となります。冗長に言葉を並べるのではなく短めに話すこ
とを心がけましょう。その際には「、」でむやみに言葉をつなぐの
ではなく、「。」で適度に区切って話すと聴く側も息継ぎができます。
　２つ目は、**「耳で聴いてわかる言葉を使う」**。話の行き違いが起こ
る原因の多くは言葉の意味や捉え方の差異です。未然に防ぐには
伝える言葉を選び、使った言葉の意味合いを同時に伝えておくこ
とが肝要です。特に専門用語や業界用語、略語、カタカナ用語は
要注意です。伝える側は解ったように使っても相手は理解してい

ないことがあります。耳慣れない言葉には少し解説を加え、ラジオのように耳で聴いて理解できるわかりやすい平易な言葉遣いを心がけましょう。

3つ目は**「最初と最後をハッキリさせる」**。聴く側は話し始めと話の終わりに意識が集中します。大切なことは最初と最後のタイミングでハッキリ伝えることです。また、話の最初と最後に同じ内容を繰り返すことで要点を強調できます。相手が最初の話を聴き漏らしたかなと感じた時はもう一度最後に繰り返して共有度を高めることもできます。タイミングの活かし方を意識してみましょう。

さらに、**「伝える」**と**「伝わる」**は別物であることを知っておきましょう。芝居でいえば、台詞（言語）で「伝える」ことを意識しますが、仕草（非言語）で無意識に「伝わる」ことが多分にあります。言葉では良いことを言っていても表情は怒っている、あるいは語調で不機嫌さが伝わってくる経験はないでしょうか。メラビアンの法則では、言語情報が7％に対して視覚情報が55％、聴覚情報が38%を占めると言われています。**目は口ほどにモノを言います。話す表情や声のトーンにも注意し、相手が聴きやすい環境を整えましょう。**

【図表13】メラビアンの法則

言語情報：　**7%**

聴覚情報：**38%**

視覚情報：**55%**

ポ イ ン ト

話す時は言語・非言語情報とも相手の聴きやすさを意識する

63

技術編

5 「問う」ことで対話を深める

　ファシリテーターは参加者に発言や思考を促す際には相手に問いかけることで、参加者の中にある言葉や想いを引き出します。

　まず、そもそも何のために問うのか、その目的を5つ示します。

　1つ目は**「情報の収集」**。聴き手がわからないことや知りたいことの事実や背景、想いなどを明らかにして共有するために問います。

　2つ目は**「好意の伝達」**。問うことによって聴き手が話し手に対して興味や関心があることを伝え、話しやすくするためのものです。

　3つ目は**「対話の促進」**。話し手の話したいことを引き出し、聴き手と話し手の情報と感情の共有と交流を図って話を弾ませます。

　4つ目は**「相手の理解」**。話し手が考えていることや話したいことについて問いを通じて整理することを助けて本人の理解を深めます。

　5つ目は**「新たな発見」**。いろいろな話をする中から話し手が自分でも思ってもみない新たな気づきを得て行動変容につながります。

　この5つは、前の方ほど聴き手に、後の方ほど話し手にメリットが出てきます。対話はその中間でバランスを取って、問いを通じて参加者同士の「聴く」と「話す」を掛け合わせることで、さらに話し合いの内容とその質を深めることを狙っていきます。

　問いをつくるには、なるべくシンプルで平易な言葉を使い、参加者が少し考えるくらいの程度の表現であることがポイントです。

　また、参加者に、「質問」はありませんか、「意見」をください、という言葉遣いでは、「立派なことを言わなくては…」とかえって参加者の発言の敷居を高くすることがあります。例えば、「質問」を「確

認したいこと」、「意見」を「感想を聴かせて」、というように言葉のハードルを下げて発言しやすい雰囲気づくりを行いましょう。

代表的な問いには、相手に答えを求める「質問」と、答えよりも考えるきっかけを与える「発問」があります。質問は具体的に引き出し、発問は時に抽象的で曖昧なことも一緒に引き出します。

質問の形式には「クローズド・クエスチョン（閉じた質問）」と「オープン・クエスチョン（開いた質問）」があります。

質問する時には必ずそこに何を答えてもらいたいかという意図を明らかにして、質問の始めと終わりは明確にすることが大切です。

【図表14】「クローズド・クエスチョン」と「オープン・クエスチョン」

「クローズド・クエスチョン」 （閉じた質問）	「オープン・クエスチョン」 （開いた質問）
「はい・いいえ」など 相手の答え方が限られる質問	質問に対する答え方が決まっておらず、 相手が自由に答えられる質問
・答えや論点を絞り込む ・曖昧な発言のポイントを明確化 ・決断をせまる、理解や合意を確かめる	・たくさんの情報が欲しい ・相手に考えさせたい ・話や発想を膨らませ掘り下げたい
「原因はリーダーにあると思いますか」 「それは一人でできますか」 「これはテストに出ますか」	「どこに原因があるのでしょうか」 「誰の助けがあれば実行できますか」 「テストには何が出ますか」
○「YES／NO」のような二者択一的に問う ・する／しない、ある／ない ・AとBはどちら	○「5W1H」などで具体的に問う ・いつ、どこで、誰が、誰と、何を、どうして、どうやって、どんな、どの…

（出典：堀公俊『ファシリテーション入門』）

そして、「過去→現在→未来」、「問題→原因→方策」などの**わかりやすい問いの流れがあると参加者も発言がスムーズになります。**

ポイント

話し合いを深めるために問いを吟味して磨いておく

技術編

第**5**章

参加したくなる
会議の「可視化術」

あなたは会議で話される内容や意味が「見えている」
でしょうか。言葉が行き交う中での話し合いのプロ
セスや全体像をしっかりと掴んで話はかみ合ってい
るでしょうか。第5章では単なる記録にとどまらず、
会議を促進してその後の思考や行動を支える「可視
化」の基本を紹介します。

「書く」ことで促されること

ファシリテーションの「引き出す力」の一つが前章の対話術の「聴き出す力」ならば、もう一つは可視化による「書き出す力」です。

会議という場は往々にして言葉（音）だけで進めるケースが多くあります。このような場に「書く」という行為を加えることで、会議の場に様々なことが促されます。議論が「見える」状態をつくる「可視化」で促されるポイントを3点ほどご紹介します。

1つ目は、**会議に参加できる**ことです。第2章で触れたように、**「書いて出す」ことが参加への意欲を促し、自分の存在が見えてきます**。声に出すことが難しくても、付箋などに書き出すことによって発言と同じ意味を持ちます。また、ホワイトボードや模造紙などに書き出し合うことでも参加者同士の共同作業が起こり、その場に参加している実感が生まれます。書くというちょっとしたアクションを取り入れることで参加の機会をつくりましょう。

2つ目は、**安心できる**ことです。「書く」という何気ないあたりまえのような行為の中には、私たちに安心感を促してくれるありがたい状態がいくつも隠されています。

何よりも大切なのは、相手の話を書き留めることで言葉を受けとめて聴いてくれたと感じる**「傾聴」の安心**です。そして自分の発言がそこに書き出されているということが、**自身が会議に参加し、そこに存在していたことを承認される気持ちにもつながります**。

また、言葉だけですと記憶に頼らざるを得ないものを書き留めて

形を残すことで**「記録」**となる安心もあります。書かれたものを見ると、**ここまではやったという実感が形として見えてきて成果への安心につながり**、様々な角度から私たちの議論を支えてくれます。

　3つ目は、**議論の中味に集中できる**こと。音だけの場合は「誰が話したか」は憶えていても「何を話したか」の記憶は怪しいものです。しかし、書き出すことによって「ヒト」と「コト」が切り離されて書き出されたものは匿名性を帯び、「誰が書いたか（言ったか）」ではなく「そこに何が書かれているか」という議論の中味に対する意識の集中が促されます。

　特にホワイトボードを使うと参加者の顔が上がって視線が集まることで場への集中力が高まっていきます。

　また、書き出していくうちに自分の意見と他者の意見との質・量を対比していくことで自分の中にある思い込みに気づくことがあります。さらに意見を一覧しながら抜けモレを発見し、新たなアイデアが湧くこともあり、**表面では見えなかった議論の本質が見えてきて、音だけに比べて議論が格段にレベルアップしていきます。**

　ただし、**書くことはあくまでも手段であって目的ではありません。**
　その場で「なぜ書くのか」という必要性を十分に理解して、その効果を見越しながら可視化に取り組んでいきましょう。

ポイント

書くことによって場に促される様々な効用を知っておく

最初に書き出す3つのこと

　いきなり「書く」と言っても何から書き出せばよいのでしょうか。

　会議を始める時にホワイトボードなどに最初に書き出しておきたい3つのポイントを紹介します。

　1つ目は、**会議名称と開催日時**です。

　一目で何の会議であるのかを判別するのは会議名称です。また、定例会議のような場合はいつ開催されるものかがわかるようにしておかなければなりません。そのために必要なのが開催日時です。

　この2つは常にセットで記載します。会議開始時には既に決まっている内容ですので躊躇なく誰でも取り掛かれるものです。

　2つ目は、**議題**です。

　議題を必ずホワイトボードなどに書き出すことをお勧めします。その会議の「めあて」（目標）である議題が常に参加者の目に入っていくようにしてみてください。もし、話が脱線しそうになったら書き出された議題を指し示して「議題に戻りましょうよ」と促します。はっと我に返ったように話を元に戻しやすくなります。そして、会議終了時にそれが達成されたかを確認します。議題を常に忘れないようにすることによって話が散漫になることを防ぐのです。

　さらに、その議題の程度も併せて記載しておくと良いでしょう。「審議」、「協議」、「報告」の別を整理して提示しておくことで参加者と共有し、意識を揃えておきます（第3章第1節参照）。

　加えて、その会議の「目的」を記載することもお勧めします。時

折、会議の場のそもそもに立ち返る際に効果を発揮します。

3つ目は、**全体の流れ**です。

その日の会議の簡単な「時間割」を書き出すことで参加者への時間に対する意識付けに役立ち、その流れや意向に沿って進めていこうという雰囲気を醸成しやすくなります。

例えば、どのような順番で話し合うのか、1つの議題にどのくらいの時間をかけるのか、休憩はあるのかなど時間の使い方を参加者とも確認しながら共有することで、自分たちの会議が今どこにいて、これからどこへ向かおうとしているかがハッキリします。

第1回運営委員会　　　　　　　　　　　令和○年△月□日（※）
　　　　　　　　　　　　　　　　　　　　　　13：00 ～ 16：00
13：00 ～ 13：10（10）　　ご挨拶等　　　次のアクションを起こし
13：10 ～ 13：50（40）　　報告事項　　　やすくするために具体化
　1. 新任参加者紹介　　　　　　　　　　を進めていこう
　2. ○○大会準備進捗報告
　3. 月例報告
13：50 ～ 14：00（10）　　休憩
14：00 ～ 15：30（90）　　審議事項
　1. △△事業のスケジュールと役割分担の決定
　2. □□に関する報告書の方針と作業分担の確定
15：30 ～ 15：50（20）　　協議事項
　※今年度の広報媒体のあり方に関する相談
15：50 ～ 16：00（10）　　その他の連絡事項と次回について

これらは会議の定番の項目です。この定番の内容が共有されて初めて会議はスタートできます。慣れてくると端折りがちになりますが、毎回愚直にしっかりと書いておきましょう。

ポイント

定番の一行を最初に書くことによって話し合いが始まる

書くことへの不安解消のコツ

　可視化、特にホワイトボードなどに板書をする際には、その必要性はわかっていても「うまく書けないから…」と気後れして躊躇しがちです。最近はパソコンを使うことが多いので、自分の手を動かして人前で文字を書く機会も減ってきました。

　ここでは書くことへの不安解消のコツに触れてみます。

　まずは、**とにかく書き出してみましょう。**

　板書においては、そこに書き出すことは「作品」ではありませんので美しさは気にしなくても大丈夫です。字の上手・下手、漢字が書ける・書けないは横に置いて、思い出せない漢字があったらひらがなでもカタカナでもOK。思いきり書くことのほうが大切です。

　また、板書は速記ではありませんので一言一句全てを書き出さなくてもかまいません。話の流れで出てきたポイントだけでも書き出し、少し要約しながら思いきり捨てることも必要です。

　その際には自分のフィルターを通じて要約するので一抹の不安がよぎります。他の参加者にも確認をしながら、参加者全員でその板書に参加してもらうこともおススメです。

　次に、**メモを取る習慣をつけます。**

　可視化は他者のためにやると同時に自分のためでもあります。まずは自分のための可視化として「メモ」を取って手を動かします。

　公務員のみなさんは業務の中で議事録を取る機会が多い職種です。文書主義の環境もあるので元来「書く」ことには長けています。

何気なくやっていることが日頃のトレーニングにもなります。

　さらに、**要約する力をつけていきましょう。**

　発言のままに書いて残すことは基本ですが、受け止めた発言内容を的確かつ整理してわかりやすく共有するためには、**取り上げる対象を絞ることが大切**です。要は「いかに上手に捨てるか」。その判断基準は「テーマや目的に沿っているか否か」です。

　そして個々の発言を要約します。これは**キーワードを見つけることがポイント**です。判断基準は発言者の「言葉の使い方」。繰り返しや最初と最後が要注意です。

　また、「ポイントは3つです」といった数字や「まず」、「はじめに」、「つまり」、「要するに」といった接続詞の後には何かポイントとなる言葉がやってくることが多いものです。そして、どうしても相手の話が要約できないようなお手上げの場合は、発言者に要約を求めてみましょう。

　最後に、全体の内容を要約していきます。**個々の発言の関係性を見つけようと意識することが大切**です。例えば、並列、対立、時間軸、因果関係などを意識して、矢印を引いたり囲んだりとフレームを使って整理し、ポイントを強調して一目でわかりやすくします。

　いずれにしても、相手の話をよく「聴いて」いなければ要約もできませんので気をつけておきましょう。

ポ イ ン ト

まずは書くことを習慣化して要約する力をつける

④ 文字だけでなく図表や絵も使ってみる

　刑事ドラマで登場人物の複雑怪奇な人間関係を整理していくために黒板やホワイトボードに書き出して話をしているシーンを見かけます。時間や空間のトリックを見破るために時系列の流れを書き出して追い、現場の図面を広げて様々な可能性を探求していきます。

　文字だけでは説明・把握しづらいもの、情報量が多くて頭の中だけではまとめきれないことは、図や絵を用いて整理してわかりやすくしてみましょう。 日頃から何気なく使っているものも随分とありますので、代表的なものをご紹介します。

　まず、全体像をざっくりと見せるために私たちは様々な視点から「軸」を使って意見などの分布状況や距離感などを共有していきます。例えば、右記のように **「評価軸」** で整理して意見の分布状況を見せます。評価軸を使うことで、出て

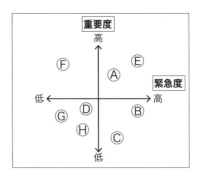

いる意見などの優先順位づけや出ていない視点の再発見を行うことができます。また、評価軸そのものの考え方の点検にもつながります。

　全体の流れや段取りを一覧にするために **「時間軸」** で見せることもあります。時間の幅によって一日のスケジュール表から月間、年間のタイムラインや年表まで様々なものがあります。

　特にスケジュールの進捗管理が必要な場合やメンバーに対して締

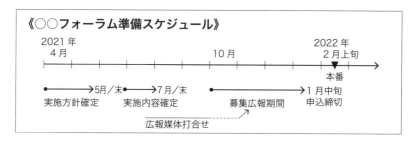

切り効果を狙う場合には大切な共有物となります。

複雑な問題の理解を共有するために**「図解フレーム」**を活用して整理し、まとめていくこともできます。図解フレームには様々なものがあり大変便利なものですが、あまり早々に使うと十分な発散を行うことなく、そ

手法	メリット（効果）	デメリット（不安）
A		
B		
C		
D		

のフレームの中でしか物事を考えることができなくなる危険性もありますので、使うタイミングには少し注意が必要です。

私たちが現場で立ち向かう課題は多様化・複雑化・複合化してきています。可視化を通じて意識的に「書き出す」ことによって、その絡み合った課題の内容や背景をみんなで共有していきましょう。

ポイント

複雑な内容ほど図表などで可視化してわかりやすくする

5 可視化を支える道具と時間への効用

場を可視化するためには様々な道具があると便利です。

道具には各々に一長一短がありますので、その特長を知っておき、目的に合わせて使い分けて組み合わせていきましょう。

参考までに代表的な3つの道具の長所と短所を示しておきます。

【図表15】道具別の長所と短所

道具名	長　　所	短　　所
付　箋	・動かすことができる ・考えながら要約できる ・どこでも使うことができる	・遠くからは見えにくい ・書くスペースが小さい ・場所によっては貼りにくい
模造紙	・継ぎ足しがしやすい ・見え消しでプロセスが見える ・カラフルに描ける	・貼り出す場所に制限がある ・一旦書くと消せない ・持ち運びにはかさばる
ホワイトボード	・消すことができる ・参加者の目線が上がる ・たくさん書ける	・置き場所を取る ・移動に手間がかかる ・比較的高額である

また、道具を使うことで会議に要する時間にも変化が出てきます。

例えば、会議に遅れて来た人や途中でその場を抜けて戻ってきた

人がいた場合、ホワイトボードに書かれているものを見ながら不在の時に何が話されていたかを確認し話題に追いつくことができます。つまり、**書き出すことによって話を振り出しに戻さない、話の腰を折らない、説明のための遡りタイムを圧縮する効果があります。**

　そして、**書き出されたものをデジカメで記録しておくだけでちょっとした議事録となります。**次回の冒頭の振り返りに使えば、議論のプロセスを臨場感あふれる形で早く思い出すことができます。

　とりあえずアイデアをたくさん出し合ってみるような場合には、全員で付箋などに一斉に書き出すことで対応してみましょう。

　例えば、20人で1時間程度の会議の場合、音だけで話をすると全員が発言するには時間切れになってしまいがちですが、各々が書き出せば2〜3分でも多くのアイデアが出てきます。

　また、音だけで話をするとつい冗長になりがちですが、付箋に書き出すことによって話の内容が要約されます。そして同じ話を何度も繰り返すことなく1枚の付箋に集約されていく効果もあります。

　このように書き出すことで**人数の大小にかかわらず「全員発言・全員参加」**を促しながら時間を立体的に使うことも可能なのです。

　時間は私たちの共有物です。可視化を活かし、見えないところで生まれるロスタイムを圧縮して、時間の質を高めていきましょう。

ポイント

道具を使う可視化によって時間の価値を高める

第6章

参加したくなる会議の「合意術」

多様な人たちが「合意」していくためには何が必要なのでしょうか。そこでは「何を合わせていく」のでしょうか。第6章では合意形成のカラクリと、意を合わせていくポイントを「準備」、「対話」、「可視化」の視点からアプローチし、そこに参加する意味や価値を考えてみます。

合意に向けて「何を合わせる」のか

　会議の場において合意形成に至るためのプロセスの全体像を第1章に掲載した図表を基に考えてみましょう。

　会議という場で行われている基本的な行為には、一蓮托生の「流れ」があり、その流れを止めずに前に進めていくことが肝要です。

　私たちが持つ思いが言葉となって、それが行動に結びつき、結果として良い形になっていくためには、自分の思いを整理して発言し、それを傾聴して受け止め、その内容を理解して要約し、それが記録された結果、合意の形として残っていく…といったよどみない「流れ」が必要です。これらの流れを支えていくために**「準備」、「対話」、「可視化」**が必要となります。そして、これら3つがうまく融合して機能し合って初めて「合意形成」に近づいていきます。

　ところで、**一言で合意形成と言っても具体的には一体何を「合わせる」ことによって導かれるのでしょうか。**

　実は、会議という場における合意形成には、単なる結果合わせにとどまらず、図表16のように**会議を始める前から結論に至るまでの全てのプロセスの中で、実に多様多彩な要素を細やかに丁寧にかみ合わせていく営みがあります。**

　ですから、**合わない時には何か合っていない要因があります。**例えば、初めて会うメンバー同士だから「気持ち」が合っていない、専門性が違うために言葉の「定義」が合っていない、前回参加していなかったために「足並み」が合っていない、など何か要因があります。その要因を早めに見つけ出して事前に手を打てるところは

打っておき、後は話が始まってから参加者の状況を観察する中から「合わない」部分を見つけ出して合わせていくことが求められます。

【図表16】何を「合わせて」いくのか

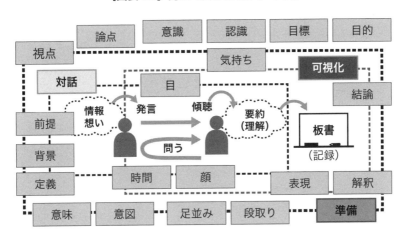

　会議の結果が独りよがりでもなく、逆にありきたりなものとならないためにも多様な要素が組み込まれていくプロセスを紡ぎ出すことがこれからは大切です。参加者一人ひとりが発言を通じてその場に参加し、それを丁寧に聴き、内容を広げて深めていくために問いかけてお互いに確認を取り合い、出てきた内容を要約して理解する。その途中では紆余曲折もありますが、最終的には選択・判断・決定をしていくまでの「流れ」を大切にして合意に導きたいものです。

ポイント

様々なことを細やかに"合わせて"確かな合意に導く

「準備」で合わせていくポイント

　それでは、合意形成に向けて「準備」、「対話」、「可視化」の各々のシーンで合わせていくポイントを具体的に整理します。

　まず、「準備」の場面では何を合わせるのでしょうか。準備段階で合わない原因となる最たるものが「情報共有不足」によるものです。基盤となる情報は必ず準備段階から合わせておきます。

　最重要ポイントは、私たちは何のためにやるのかという共通の「目的」を合わせることです。特に、最初から利害関係が衝突することが予想される場面や多様な人々が初対面で集まる場であればあるほど、「なぜ、わざわざ集めるのか」、「そもそも、何をめざしているのか」、「何のためにやるのか」をしっかり確認します。この目的が共有・共感されないと見当違いな方向や結果になりかねません。

　場をつくる段階から目的をしっかりと擦り合わせ、場が混乱した時に帰るべき拠り所として常に持ち続けていくことが肝要です。

　併せて、その場の**「目標」**や**「ゴール」**を合わせておきましょう。「今日は何を決め、どこまでやるのか」、議題やテーマの中味を具体的に設定し、向かおうとするゴールのレベル感を共有します。

　次に、**合意に向けてどのような流れで会議を進めていくのかという「段取り」を合わせることも準備段階で必要です。**特に、定例ではない会議で進め方が一定のルールで決まっていないような場面においては、すぐに内容には入らず、決め方でもめないように、まずは決め方や進め方を事前にみんなで決めておくと良いでしょう。

　また、複雑なテーマの場合には、要所での決めるポイントとして**「論点」**を明確にして合意へ至るステップを整理しておきましょう。その積み上げが合意への基盤となります。

　準備段階で「合わない」原因となる最たるものが「情報共有不足」によるものです。特に、初対面の場合、参加者個々人の属性や経験値などを知っておくことは発言の真意の読み取りのためにとても重要です。事前にギャップになりそうな情報を十分に補っておきます。

　そのためには、お互いが置かれている立場や状況の**「背景」**、与えられた条件や想定される環境などの**「前提」**を合わせておくことも大切です。背景や専門性が違う者同士では、キーワードの**「定義」**を合わせていくことも忘れないようにしましょう。

　また、参加できなかった人に対しては前回の情報共有をしっかりすることで**「足並み」**を合わせることも忘れないようにしましょう。

　このように準備段階で事前に合わせていくことは、会議が迷走することを未然に防ぐと同時に、参加者の安心感とお互いの良い関係をつくっていくことで**「気持ち」**を合わせていくことに寄与します。**参加者を"寂しい気持ち"にさせないための「根回し」も時に必要です。中味はやってみないとわからない面もありますが、進め方についてはしっかりと合わせておきましょう。**

ポイント

準備段階で「合わない」状態を見つけ出して未然に防ぐ

「対話」で合わせていくポイント

　合意形成に向けてのプロセスで欠かせない重要な要素は、人と人とが言葉を交わす**「対話」**です。一方通行では合意は成り立ちませんので、「聴く」と「話す」との掛け算である対話こそが合意形成を進めていくプロセスの基軸であることを心得ておきましょう。

　対話において合わせていく最も大切なポイントは、場で発言される言葉の「意味」や「意図」、その中に潜む各々の「視点」や「認識」が何であるかを合わせることです。

　例えば、同じ言葉であっても分野や専門領域の違いによってその捉え方が違うことがあります。参加者が発する"言葉の雰囲気"に違和感を覚え、使い方に疑問を感じる場面においては、必ずその場で確認を取っておくようにしましょう。

　また、議題の説明者や進行役であるファシリテーター自身はわかっていても他の参加者がその意味を理解していないこともあります。会議の場ではお互いがホンネを言わないがために生じる誤解や固定観念に基づく思い込みが合意形成のハードルになることがあります。

　そこでファシリテーターは、**参加者がなかなか言い出せない"内なる小さな心の声"を代弁することも必要です。**

　例えば、「今の言葉の意味はおわかりですか」、「みなさん、内容の理解は大丈夫でしょうか」、「ここまでの話で確認したいことはありませんか」など、参加者や場に投げかけて確認することによって合意の基盤を創っていきましょう。後になって話が"そもそも論"

でひっくり返ることを防ぐことにもつながっていきます。

　そして対話をする真の意味は、一人の思いつきに飛びつかずに決め打ちを避け、多様な意見を出しつくすことにあります。積極的に少数意見にも耳を傾け、代替案や選択肢を複数出すことで「ここまで考えた」という安心感と共に合意形成の質を高めていくのです。

　そのためには、**参加者が話しやすい雰囲気づくりが大切です。**特に、聴くにあたっては**「待つ」**ということを意識してみましょう。

　その際には、**参加者が自分自身で考えをまとめていくために一人で考える時間を創ることも有効です。**そして2～3人のバズセッションで分かち合って、さらに全体で共有するというステップを踏むことによって、徐々に参加者全員から発言を促して多様な意見を引き出すようにしましょう。

　ただ、**多様な意見の中にも取り上げる対象を絞ることは意識しておきましょう。その判断基準は「目的や議題（テーマ）に沿っているか否か」です。**あまりにも的外れな発言に対しては、発言者に目的をやんわりと確認させるようにしましょう。

　対話の場面で確認を繰り返して"小さな合意"を積み上げる作業は一番の辛抱のしどころです。紆余曲折はありますが、ここでしっかり丁寧に合わせることをあきらめないようにしましょう。

ポ イ ン ト

対話によって丁寧に確認を取りながら積み上げていく

「可視化」で合わせていくポイント

　多様な意見や想いを引き出した後は、内容を共有しながら判断や決定に向けた議論をかみ合わせます。そのために議論の内容や流れを**「可視化」**し、これらを整理して合わせていくことが必要です。

　可視化においては、言葉の「表現」やその「解釈」を合わせていきます。例えば、キャッチフレーズのような文案を一緒に練り上げる場面やリーフレットなどに載せる制度や仕組みのイメージ図、イベントのスケジュールの時間割などをつくる場合には、ホワイトボードを使うことによって参加者共通のメモとして書き出し、意識の共有化を図ります。**そして書き出されたものを全員で確認することで「結論」を合わせ、後で齟齬が出てこないようにしていきます。**
　特に、議論が行ったり来たりする際や何回か回数を重ねるような会議の場合には、記録が重要な役割を果たします。せっかく生み出した議論のプロセスと結論の根拠を忘れないようにするためにも経緯と要点を書き出して共有することを忘れないようにしましょう。

　可視化によって会議の内容を整理して合わせていく際の進め方の3つのポイントとその流れは次の通りです。
　1つ目は**「列挙する」。**まずは、出てきた意見を単純に羅列して可能な限り数多く出すことで参加者の会議への参加を促します。
　2つ目は**「分ける・くくる」。**次に、違う意見は分けて、似たような意見はくくってひとまとめにします。この時にどのようなポイントで分けたりくくったりするのかは事前に確認をしておきま

しょう。

　3つ目は**「優先順位をつける」**。分けてくくられた意見のかたまりに要約されたタイトルをつけて、それらの優先順位を考えます。

　この優先順位を決める際には何を拠り所とするのかが重要です。大切な判断基準は、「目的に沿っていること」が一般的ですが、先述の「決め方を決める」と同じく参加者にも諮りながら一緒に考えて確認をしていくことが合意を進める上では望ましいです。

　そして、個々の発言や意見の**関係性**を見つけます。例えば、並列、対立、時間軸、因果関係などを明らかにして、矢印を引いたり囲んだりとフレームを使って整理します。重要だと判明したところに赤丸をつけるとポイントが強調されて一目でわかりやすくなります。

　また、自分たちの議論の立ち位置をハッキリさせて全体像をざっくりと俯瞰して見せるためには、第5章でふれたように、文字の羅列を「表」に、数字を「グラフ」に、地名を「地図」にしてみましょう。可視化していく中から個々の案の思い込みや抜けモレ、曖昧さをなくしていくことで議論の質を高めて合わせやすくします。

　可視化は合意形成の最後の押さえどころとして大切です。言葉ではわかっていたつもりが、書き出してみて意味やイメージが違っていたことに気づくことは数多くあります。可視化でお互いの誤解やズレを一つひとつなくして、丁寧に確認しながら合意を得ましょう。

ポイント

書くことで最終的な確認をとって合わせていく

合意形成への道のりに参加する意味

　行政の仕事は多様なセクターや分野を超えた多様な人々とのまちづくりをめざして、様々な人たちをつなぐ包括的な会議を開催し、複雑化する地域課題や社会課題の解決のために多様な人々との協働を進めていくことが求められています。

　そのために、あえて「違う人たち」をわざわざ集めて多様な人たち同士をつなぎ、お互いの特性を理解しながら課題解決を図り、時に思いもしない組み合わせの中から新しいものを生み出す「創発」の場をつくることが必要です。

　そこでは、個人から発想できる知識や経験、視点の質的な限界を多様な人たちの参加によって補い合います。そして、**「これで本当に大丈夫か」という話し合いの成果への質的な不安と「誰かに勝手に決められた」という決めるプロセスへの納得感に対する不満をなくすために、合意形成や意思決定につながる市民や職員の参加プロセスを合理的かつ民主的に丁寧に組み立てていく必要があります。**

　特に、**納得感を得るために「対話」を通じて参加者意識を上げることを心がけたいものです。**参加性を高めていくためには第4・5章で触れたように「話す」と「書く」で何か主体的な動きを出していくことが肝要です。また、可視化によって合意へのプロセスの中に潜む違いや論点を明確にし、参加者相互がどのような立場で臨んでいるかの違いを意識させ、多様性の存在に気づかせて受け入れ合い、参加者同士が対等・同等となるように促したいと考えています。

　今や誰も正解がわからない時代を生きています。時代の変化のスピードが加速し、因果関係が複雑となり、社会の多様性が高まる中で、正解を当てる、教えてもらうのではなく、**多様な主体による対話により、「納得解（精度の高い仮説）」を創り上げる**ことが必要です。

　そのために多様な視点に立脚する対立や反論を受け入れて場に変化をもたらすことの価値を知っておきましょう。対立や反論は決して悪ではなくチャンスと捉えてもらいたいのです。意見のギャップは議論の幅を広げ、お互いの理解を深めるきっかけとなります。時に常識を疑い、「本当にこれでいいのか」と自問自答し、参加者に投げかけることで活力と新しい視点を与え、関心や好奇心を刺激する。それによって緊張関係も生まれますが、可能性のあるアイデアが検討され、全く新しい考えが生み出される可能性が開く。**合意形成へのプロセスの一部でもいいから、そこに参加することを通じてそのダイナミズムの一端に触れて欲しい**のです。

　そして合意形成は、ともすれば「うまくやろう」と考えがちです。しかし、**参加者に真摯に向き合い、参加者と一緒に素直に着実に重ねて「きちんとやる」ことが多様性を束ねて紡ぐ現場における合意形成には欠かせません。**

　少々時間がかかっても端折ることなく丁寧にやることが肝要です。要は「急がば回れ」なのです。

ポイント

多様な人々の参加によって「納得解」を紡ぎ出す

コラム2

立場に応じた会議への関わりのポイント

　佐賀県では2007（平成19）年度から4年間、会議改革プロジェクトを推進しました。筆者はその2年目から3年間、佐賀県と九州大学との共同研究事業として担当しました。一自治体全体にファシリテーションを組織的に導入する大掛かりな取り組みでした。

　そして、プロジェクト期間後の現在も研修などの形でフォローアップを続け、2012（平成24）年に県職員向けに『会議・打合せの進め方〜効率的で充実感のあるものにするために〜』（略称『会議本』）を発行し、その内容を監修する機会をいただきました。

　『会議本』では、会議改革プロジェクトの研修の中で触れていた内容のエッセンスを取りまとめています。その中で、主催者の「進める力」と同時に参加者の「参加する力」が働いて双方の間にやり取りのある進行があってこそ、参加性と納得性の高い会議が実現されるイメージを伝えるために「会議・打合せにおける立場に応じたチェックポイント」を作成しました。同じ会議の場に主催者と参加者の視点からどのように関わればよいのかというポイントを会議の流れに沿って具体的なフレーズなども添えています。

　本書の「技術編」のまとめとして佐賀県の快諾をいただき、このコラム欄に掲載します。「準備」、「対話」、「可視化」の3つがつながっていくプロセスを確認してみてください。

佐賀県『会議・打合せの進め方 ～ 効率的で充実感のあるものにするために～』より

会議・打合せにおける立場に応じたチェックポイント

佐賀県自治修習所"レナセル" ／人材育成・組織風土グループ
※ファシリテーターと板書者は同じ方でも構いません。

会議・打合せにおける立場に応じたチェックポイント		
	主催者（■）・ファシリテーター（●）・板書者（▼）	参加者
会議・打合せ前	■【事前準備】 ☆参加者は何人にするのか？ 　「大人数で多様な意見を求めるのか」、「少人数で参加性を高め、絞り込んだ議論をするのか」など ☆場を可視化するための道具は？ 　ホワイトボード、メモ、コピー用紙、ポストイット、模造紙など ☆会議・打合せ資料の事前配布 　開始時間と終了時間を明記。できれば議事内容ごとの時間配分も記載	【事前準備】 ☆資料の読み込み 　配布された資料を読み込み、疑問点、意見等を考えて、議論が活発になる。必要な資料があれば準備
冒頭	●【参加者との意識共有】 ☆目的の確認 　今日は、なぜ、わざわざ集まったのか ☆目標の設定（本日のゴールの設定） 　今日、何を決めるのか。 ☆進行形態の提示（審議、協議、報告など） 　本日は、「決めるのか」「報告と意見交換だけなのか」「アイデアや意見を募るのか」などのアウトプットイメージを提示 ☆終了時間の明確化 　無意識のうちに"締め切り効果"が発揮される ▼【参加者との意識共有】 ☆会議・打合せの目的、時間の可視化 　目的、時間が明確となるよう書き出す	【主催者との意識共有】 ☆意欲的な姿勢 　「会議・打合せの目的は？」「会議・打合せの時間は？」等の確認を積極的に行うなど、参加者全員が会議・打合せに前向きな姿勢を見せ、ファシリテーターをスタート時点で盛り上げる
会議・打合せ中	●【和やかな雰囲気づくり】 ☆笑顔で楽しく、和やかな雰囲気で 　良好なコミュニケーションの場とするためには、和やかな雰囲気づくりが大切	【和やかな雰囲気づくり】 ☆笑顔で楽しく、和やかな雰囲気で 　良好なコミュニケーションの場とするためには、和やかな雰囲気づくりが大切

	主催者（■）・ファシリテーター（●）・板書者（▼）	参加者
会議・打合せ中	●【様々な発言を引き出す】 ☆黙っている人から意見を引き出す時に… 　「本当に何も言いたいことはない?」「とても納得している顔に見えないのですが、大丈夫?」「少し遠慮している?」 ☆思うように意見が出てこない時に… 　「…という切り口で何かない?」 ☆アイデアの量が足りない時に… 　「例えば、…というのはダメですか?」 ☆話に割って入る人がいる時に… 　「ここは話の続きを聴いてみない?」 ●【論点を整理して絞り込む】 ☆曖昧な意見を翻訳し要約（色々と言い換える） 　「要するに（例えば）…ということですか?」 ☆情緒的な議論を論理的に（思考プロセス整理） 　「それって、事実ですか?　それとも意見ですか?」 ☆議論の偏りと抜けモレを防ぐ（多面的に思考） 　「他に…という観点で、考えなくてもよいのですか?」 ☆思い込みをはずして議論（違う枠組みで考える） 　「例えば、こういった考え方はできませんか?」 ●【納得感のある「たくましい結論」に導く】 ☆感情的な対立を乗り越える（共感的理解を促す） 　「なぜ、彼がその意見にこだわるのか、わかりますか?」 ☆チーム意識で対立を退ける（目的に気づかせる） 　「何のためにそれをやるのでしょうか?」 ☆多面的に合意点を生み出す（選択の幅を広げる） 　「何か別の手段で達成できませんか?」 ☆鵜呑みせずに念押しをする（本気度を見極める） 　「みなさん、本当にやるんですね?」 ▼【議論プロセスの可視化】 ☆ホワイトボード等の活用 　議論を共有するために、まずは目に見える状態にすることが大事	【積極的な発言を心がける】 ☆参加者全員の発言を促すために… 　発言が出ないようだったら、口火を切って他のメンバーが発言しやすい雰囲気をつくる ☆参加者の意見を否定する発言には… 　「そんなこといわないで…」といった制止役にもなり、進行をサポート 【相手を安心させる「傾聴」】 ☆"ちゃんと聞いているよ!"というメッセージ 　「穏やかな表情」で「うなずき」や「あいづち」で応える 　書類ばかりに目をやらずに、発言者の顔を見る（体と心で向き合う） 　お互い様の気持ちで、他の参加者の話をよく聴く ☆他の参加者の発言を遮らない。否定や非難をしない 　参加者の誰もが忌憚なく発言し、遠慮なく質問できることが大切 【的を射た「発言」】 ☆キーワードや結論を先に発言 　何を伝えたいのかをはっきりさせる ☆討議の課題から外れない発言 　議論が関係ない方向にぶれるのは非効率 ☆相手が聞き易いように発言 　息を短く（一つひとつの文章を短く）。語尾をはっきりと ☆聞いてわかる言葉で発言 　発言内容を理解してもらうため、専門用語やカタカナ横文字は極力避け、耳で聞いてわかる言葉で 【議論プロセスの可視化】 ☆図などの活用 　図示した方が参加者に理解されやすいものについては、自ら図などを板書する

	主催者（■）・ファシリテーター（●）・板書者（▼）	参加者
会議・打合せ中	☆思いきり書く 　作品ではないので、美しさは気にしなくても良い 　参加者全員が読めるような文字の大きさで 　漢字がわからないときはカタカナでも可 　繰り返しの言葉、数字、発言の最初と最後の言葉は大切 　「重要なポイントは…」「結論を先に言うと…」「つまり…」「要するに…」などに続く内容も聞き漏らさない ☆思いきり捨てる 　速記ではないので、全てを書き出さなくても良い 　会議・打合せの目的・目標・テーマに沿っているか確認しながら取捨選択 ☆参加者に思いきり頼る 　一人で板書せずに、参加者に聞いて確認する 　板書できないときは、「で?」と発言者に聞き直し、発言者に要約してもらう 　板書内容に不安がある時は、「何か抜けていない?」「書き漏れはない?」と参加者に聞く ●【時間の進捗の確認】 　収束に向けたタイミングを見計らう	☆板書者に対する助言 　板書の書き方の提案や記載内容の間違いの指摘等、板書者に助言を行う 【時間の進捗の確認】 　残り時間を意識して発言する
終盤	▼【板書内容の整理】 ☆板書内容の整理（板書内容の重要度に強弱） 　議論が進む中で、重要なキーワードには「アンダーライン」「丸囲み」「変色（マーカーの色を変える）」などで強調 ☆板書内容の要約（関係性を見つける） 　板書内容の全体を鳥瞰し、対立、共通事項、重要事項について、「⇔」「⇒」「枠囲み」「変色（マーカーの色を変える）」などで簡単に要約 ☆決定事項を書き出す 　今回の議論の「決定事項」を確認し、参加者と共有 ●【意見・結論の確認】 ☆決定したこと、しなかったことなどを確認 　今回「決まったこと」、「再検討すること」などを確認し、併せてそれを議論する次回日時等も確認	【板書内容の整理】 ☆板書者に対する助言 　板書の書き方、まとめ方の提案や記載内容の間違いの指摘等、板書者に助言を行う 【結論の確認】 ☆決定したこと、しなかったことなどを確認 　今回「決まったこと」、「再検討すること」などを確認
終了後	■【情報共有】 ☆板書写真を参加者に送付 　議論の過程、意見について情報共有	【情報共有】 ☆板書写真を関係者に送付 　議論の過程、意見について所属職員等と情報共有

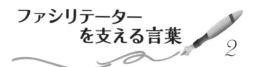

ファシリテーター
を支える言葉

2

「人の話を積極的に聴くファシリテーターは、
他に欠点があったとしても、それを帳消しに
できる」

（フラン・リース）

『ファシリテーター型リーダーの時代』（黒田由貴子訳）の中にあるこの言葉は、「参加したくなる」場を創るファシリテーターの立ち位置を的確に表しています。まずは誰よりもファシリテーターが参加者個々の想いを受け止め、その場にいることが承認されているという安心・安全な場を創る起点となる存在でありたいものです。

　そして、逆のことを行っている自分を見つけた時に軌道修正する諫めの道標とし、不安そうな参加者を見つけた時には「聴されていますよ」とメッセージを送り、場に安心感と温かさを創り出す「心の追い焚き」ができる言葉として大事にし続けたいものです。

第7章

参加したくなる
現場を創る「進行術」

実際に会議を進める際には何を行えばよいのでしょうか。進行役として、参加者に対してどのようなタイミングや内容で声をかけ、どの手法を繰り出すと無理なく効果的な参加の場を創ることができるのでしょうか。第7章では会議の「進行」について紹介します。

手短に導入する

初めて会議の進行をする際には、最初の第一声から何をやったらよいか戸惑うことがあります。ある程度「型」を知っておくと走り出しやすくなりますので、次のような項目から始めてみましょう。

①挨拶をする

　会議の始まりには、開始時間を確認してまず挨拶です。「みなさん、おはようございます」、「こんにちは」、「ご参加いただきありがとうございます」など何気ない一言ですが大切なスタートです。

　そして進行役として自分の名前を名乗っておきましょう。

②会議の全体像を伝えて確認する

　次に、**参加者に対して必要なことを手短にテンポよく項目を絞って伝えてお互いに確認します。**伝える内容は次のようなものです。

　　　□会議の名称（この会議は「○○会議」です。）

　　　□会議の目的（△△のためにお集まりいただきました。）

　　　□会議の目標（今日は□□について決めたいと考えています。）

　　　□会議の流れ（最初に…、次に…、その後…、最後に…）

　　　□時間配分　（全体で○時間を各々…分の目安で進めます。）

　　　□終了時間　（××時には終了します。）

　　　□休憩の有無（途中1回休憩を入れます。）

　　　□資料の確認（配布資料は…です。揃っていますでしょうか。）

　参加者に会議の骨格を伝えて全体像を掴んでもらいます。

そして参加者に疑問点はないかを確認しておきましょう。

③参加者から一言いただく

　もし、**時間が許せば参加者一人ひとりから挨拶や近況、初対面の際には簡単な自己紹介をしておくとよいでしょう。**なるべく会議開始から早いタイミングで「一言いう」ことが参加意欲を高めます。

　これは「チェックイン」と呼ばれていて、ちょっとした雑談のような時間が場の雰囲気を和ませる効果もあります。ただし、ダラダラしないように時間には注意しましょう。

④必要な注意事項など確認して改めて始まりを告げる

　もし、言い洩らしたことや追加で伝えることがあれば早めに伝え、遅れてきた参加者がいたら簡単に必要事項を伝えて足並みを揃えます。会議でのルールなどがある場合は、進行役から念押しで伝え、参加者が落ち着いて会議を始められるようにします。

　そして「では、お話を始めても大丈夫ですか?」と参加者に投げかけ、会議開始のタイミングを計ってスタートしましょう。

　これらのことは極めて基本的なことですが、きちんと身につけておくことで参加者に安心感を与え、かつ、自分自身が落ち着いて進める第一歩となります。「最初が肝心」の心得で臨みましょう。

ポイント

会議の始まりは基本的な流れをテンポよく進める

発言を創出する

　会議では参加者にいかに発言してもらうか、逆に話し過ぎる参加者とどのようにバランスを取るかに悩むことがあります。

　そこで、参加者が会議時間内になるべく満遍なく「発言」して参加しやすくするための代表的な手法をご紹介します。

■全員が一言話す「ストラクチャード・ラウンド」

**　これは「全員順番に一言発言をしましょう」というものです。**

　1つのテーマについて参加者全員に発言の機会を与えて、他人に遮られることなく、必ず自分の意見を述べて全員が会議に参加できます。また、多様な意見を聴く重要性を認識し、参加者全員の影響力を均等化する利点もあり、チームづくりにも寄与します。

　自由に意見が出ない、一部の参加者が全く発言しない、逆に一部の参加者のみの発言が多くなる際に効果的です。具体的な進め方は、

　①「では、このテーマは全員から発言してもらいましょう」と告げて、改めてテーマを明確に伝えます。

　②発言は全員が順番に行い、他の参加者の発言中は黙って聴き、順番無視や発言を遮ることはできないことを伝えます。

　③発言時間を制限する際はタイムキーパーを置きます。

　④一人ずつ順番に発言を始めます。パスをすることもでき、発言が一巡したら、発言をパスした参加者に発言を促します。

　⑤発言内容は書き出しておくと後でまとめやすくなります。

　発言の順番は席順でも良いですが、役職の下位者や年齢の若い人から順にすることをお勧めします。最初ならば時間が確実に取れ、

最後の人は全員の発言を聴いた上での発言になるため、バランスを考慮した内容になることが多くなります。

■少人数で話す「バズセッション」

「バズ」とは、ハチがブンブンいう羽音から取られた表現です。その場にいる2〜4人ぐらいの参加者がワイワイ話をします。席の隣同士でちょっとした意見交換や感想などを述べ合います。

その場の即興で時間も30秒くらいから長くても10分程度まで短時間で無理なく展開できるのが特徴です。また、少人数で話すため、気兼ねなくおしゃべりする感覚でできるのも強みです。そこで出た内容を参加者から紹介してもらう形で発言を引き出します。

また、長めの説明を行う際に眠気覚ましに行うにも効果的です。人の集中力は概ね15分程度と言われていますので、適度なタイミングを狙って説明の途中でバズセッションを入れてみましょう。

ただ、多用すると場が締まらなくなることがありますので、目的を持って効果的に使いましょう。

また、**参加者が大人数の場合は付箋に書き出すことも発言と同じ効果があります**ので、意識的に進行役から参加者に発言を促すタイミングを狙って使ってみましょう。

ポイント

会議時間内に「声を出す」機会を短時間でも意識的に創る

3 対話で交流する

対話の良さを活かした手法が「ワールド・カフェ」です。

　カフェで語り合うような雰囲気で、参加者が席に固定されず動き回るのが特徴です。また、結論や答えを特に求めず、参加者同士が気軽に意見や情報の交換ができ、参加者の場への参加度が高くなります。ワールド・カフェの基本的な進め方は以下のような流れです。

①1グループ4〜6人ほどで構成されたテーブルを複数つくる。

②進行役から提起される問いについてテーブルで話し合いを進め、そこで話されたこと、感じたことなどを模造紙に落書きする。

③20分置きくらいに、ホスト1名を残して、全員席替えをする。

④新しい参加者同士で先程まで自分がいたテーブルで話し合われていた内容を披露しあう。

⑤時に数回繰り返し、最後は元のテーブルに戻って話を共有する。

　まずは、模造紙の真ん中にテーマを書いてもらいます。これは参加者がテーマを忘れないようにするためにも必ず書いておくようにします。話が始まったらテーマ周辺の余白に、相手や自分が話したこと、話の中で感じたことや気づいたこと、忘れたくないことなどをメモがわりに直接書き込んで落書きをしてもらいます。言葉だけではなく絵や図でも構いません。

　席替えをして行った先でも同様に落書きして話をつなげて膨らませます。字の上手下手を気にせずのびのびやりましょう。

無理に書かせる必要はありません。また、話が盛り上がらなければならないということもありません。参加者がしっかり考えながら対話すれば大丈夫です。

ワールド・カフェは、参加者の思いを「共有・発散」するために
は汎用性の高い手法です。旅先の話を持ってホームに帰ると不思議な一体感を感じるため仲間づくりにも寄与します。また、参加者全員がお互いの話を伝え合うため、結果的に「発表」し合っている状態になります。

ただ、これだけで「収束・決定」は難しいので、他の手法と組み合わせてまとめなどにつなげます。例えば、各テーブルにA4用紙を3枚ずつ配布してテーマに関するポイントを3つ選んでもらい、それを前に張り出して整理することで集約の足掛かりをつくります。

なお、ワールド・カフェは、最小9～12人くらいから最大では会場の広さが許す限り何人でも可能です。注意点は、**テーブルの人数は**
「4～6人」をできる限り堅持すること。3人でも可能ですが、7人以

上になると参加者が2つに
分かれて話し始めることが
多くなりますので要注意で
す。参加人数とチーム数、
それに見合う会場や準備物
の手配を行いましょう。

ポイント

大人数での発散・共有にはワールド・カフェが効果的

要点を整理する

　参加者の発言を確かに受け止めたことを相手に伝え、その考えを整理してわかりやすく伝えて、その意味を参加者全員で共有するために、話の中味を要約して要点を整理することが求められます。

　要点を可視化しながら要約するポイントをご紹介します。

①取り上げる対象を絞る

　要は**「いかに上手に捨てるか」**です。その**判断基準は「目的やテーマに沿っているか否か」**。ここでもその会議の目的やテーマが大切な存在となります。また、テーマがはっきりしていない場合は、とりあえず全部拾い上げておきます。

　また、テーマ外ではあるけれど重要な指摘と思われるものは「その他」の欄をつくって取っておきます。

②キーワードを見つける

　判断基準は発言者の「言葉の使い方」。繰り返しや最初と最後が要注意です。特に「ポイントは3つです」といった数字や「まず」、「はじめに」、「つまり」、「要するに」といった接続詞の後には何かポイントとなる言葉がやってくることが多いので注意しましょう。

　そして、**どうしても相手の話が要約できないようなお手上げの場合は、発言者に要約を求めることもしてみましょう。**

　例えば、参加者にA4用紙にキーワードや短文で要点などを書き出してもらう「ワンワード」という手法は手軽で参加性も高いのでぜひ使ってみてください。

③発言の関係性を見つけようと意識する

　出された意見などの関係性を並列、対立、時間軸、因果関係などを意識して、矢印を引いたり囲んだりとフレームを使って整理していきます。また、**最終的に大事だと判明したところや参加者の意見や想いが合意されたところをハイライト（赤丸をつけるなど）するとポイントが強調されて一目でわかりやすくなります。**

　これらの内容はホワイトボードに書き出していくと整理しやすくなります。その際には会議のタイトルや議題、タイムテーブル、説明の要点、結論などを書くスペースを決めておくと会議の進み具合や何が積み残されているかも一目瞭然です。例えば、ちょんせいこさんが開発した「ホワイトボード・ミーティング®」では、「発散」、「収束」、「活用」を色分けして一目でわかるようにしています。

　さて、会議のゴールが近づいてきたら、参加者側の積み残しはないかを質疑応答や振り返りを促す形で確認します。今回の会議の流れと結論をザッと説明して、「何か確認したいことはありますか?」と相手からの問いを促します。そして「今回の感想を聴かせてください」と参加者から簡単に一言振り返りをしてもらう「チェックアウト」で参加者の感触を探ります。最後に「以上で終了してもいいでしょうか?」と確認して会議を終了します。

ポイント

要点整理は目的やテーマに沿って要約して可視化する

5 進行の時間管理のコツ

　会議進行で悩ましいことに時間管理があります。ある程度は準備段階で対応できることがありますのでそのポイントを示します。

①常に時計を見る

　まず、**時間管理の基本は常に時計を見るようにすること。**当たり前のことですが大事なことです。時計を自分の手元の目につく場所に置いておきます。時計のない部

屋が会場になることもありますので、私はアナログの置時計を常に持ち歩くようにしています。

②全体の時間の流れと所要時間を把握する

　会議全体の時間の流れを把握するために簡単な「進行表」を作成しておきましょう。導入や資料説明、意見交換、まとめなど概ねの所要時間を推定しておきます。可能な限り議題ごとに定めておくとよいでしょう。そしておおまかな時間割を参加者に示しておくことによって、参加者にも時間管理に協力してもらいましょう。

③目標に合わせた時間配分を考える

　進行表を作成する際には、その**会議の目標（到達レベル）に合わせた時間配分を心がけます。**発散が目標であればそこに時間の重点を置き、決めることが求められればその時間を優先します。特に議題の軽重はその発題者にしかわからないこともありますので、事前に所要時間の目安を聴いておくと組み立てしやすくなります。

④参加者の発言時間を最初から確保する

　時間はなかなか余りません。**参加者が発言する時間や参加者同士で対話する時間は優先的に最初から確保しておきましょう。**そのために発題者には議題の説明時間をコンパクトにしてもらい、進行側もロスタイムが出ないよう事前準備を怠らないようにします。

⑤発言前に内容を整理してもらう

　説明者には事前に、参加者には会議中に説明や発言内容を考えて整理する時間を創ることによって、場当たり的な時間の使い方にならないように工夫します。ポイントを箇条書きにしたサマリー（要約版）を作ると整理を助けます。また、先述のバズセッションも活用して、中身の濃い効果的な時間になるようにしましょう。

⑥終了時間を意識する

　終了時間は常に意識して残り時間を計りながら進めます。予定していた時間では足りず、どうしてもある程度目途をつけておきたい際は、必要に応じて時間延長の可否を参加者や主催者に諮ります。事前に相談できるに越したことはないですが、会議途中でも躊躇なく「時間延長しても良いですか」と切り出してみましょう。

　進行側は常に時間との戦いの中で会議を進めていきます。会議時間を参加者みんなの共有物として意味や価値あるものにするには、**常に時間の使い方を意識しておくことを心がけておきましょう。**

ポイント

時間は常に時計と進行表を見ながら意識して進行する

第8章

参加しやすさを
生み出す「支援術」

会議を進めていく中で何か「?」と感じる時があります。参加者側に密かに起こる「○○しにくさ」をどのようにして「○○しやすい」状態にしていけばよいのでしょうか。第8章では参加しやすさを生み出す「支援」の視点や方法について紹介します。一緒に壁を乗り越えていきましょう。

参加へのハードルを下げる「言葉」

　人と人がコミュニケーションを取る際に必要なものが「言葉」。

　言葉によって人は物事を理解し、喜怒哀楽の感情を表現し、行動につながるきっかけを生み出しますが、相手の理解や感情、ひいては行動にブレーキをかけてしまうこともしばしばです。

　言葉の使い方や選択を工夫することで参加へのハードルを下げるポイントを探ります。

■耳で聴いてわかる言葉を使う

　まずは、**誰にでも「わかりやすく」なるように「耳で聴いてわかる言葉」を使います。**逆に「耳で聴いてわかりにくい3つの言葉」を知ることからその対処法を考えてみましょう。

①専門用語、業界用語、略語

　限られた範囲でしか使われていない言葉です。行政用語はその典型とも言われます。世代間で言えば若者言葉、地域間では方言もその中に入ります。特定の相手にしか通じない言葉はなるべく避けるようにし、一般化した平易な言葉に置き換えるようにします。

②カタカナ用語や横文字

　最近とみに増えてきている新しい言葉です。日頃耳慣れない言葉であるがゆえに心理的な抵抗感を持たれ、相手は理解に苦しみます。まずは不必要に多用することは避け、使う際にはその言葉の読み方や意味、ちょっとした解説を入れながら伝えるようにします。

③書き言葉

　文章を「書き言葉」のまま棒読みされると、話し言葉を聴き慣れ

ている耳にとってはかなりの負担になります。特に行政文書を読み
上げられるシーンは「わかりにくさ」の典型です。可能な限り書き
下した平易な口語体も交えて話すように心がけていきましょう。

　このような言葉たちを耳でわかる平易な言葉に置き換えていくコ
ツは、「ラジオで話すとすれば…」と考えてみることです。ラジオ
は画像がなく音声だけで伝えているので、言葉の選び方や描写の仕
方の良い参考になります。今一度ラジオを聴いてみてください。

■カタカナ用語を高齢者にもわかる日本語にみんなで訳してみる
　また、専門用語やカタカナ用語を平易な言葉や身近なたとえなど
に置き換えて考えるクセをつけておくことも大切です。

　筆者が時々行うワークショップに「カタカナ用語日本語化選手権
大会」があります。これは日頃よく使うカタカナ用語を地域の高齢
者にもわかる日本語に訳していくものです。改めて辞書を引き、そ
の言葉を日ごろ使う際に込めている意味を再点検します。職場のメ
ンバーでやってみると、いつも使う言葉を改めて深掘りしながら共
有するにはもってこいです。例えば、次のカタカナ用語をあなたは
どのような言葉に訳すでしょうか。

　①マネジメント　②コラボレーション　③ユニバーサルデザイン
　④パラダイム　　⑤デイサービス　　　⑥アウトソーシング

　これまでの印象的な訳を紹介すると、①マネジメント：「ヒト・
モノ・カネの効率化」、②コラボレーション：「異文化の交流」、③
ユニバーサルデザイン：「人にやさしい優れもの」、④パラダイム：
「そういうこと」、⑤デイサービス：「日々極楽」、⑥アウトソーシン
グ：「あなたに任せた」といったもの。

　わかったつもりで使うより、意味やニュアンスを含めて理解され

るために工夫することが「わかりやすさ」の第一歩かもしれません。

■沈黙を生み出す言葉の背景にあるものは何か

　会議や研修、ワークショップなどの場で「質問はありませんか」、「意見はありませんか」と参加者に投げかけることがあります。しかし、それに対する返しは"シーン"という沈黙です。

　なぜこのような状態になるのかを常々疑問に感じていた筆者は、あるワークショップ現場で参加者の声の中からこれらの言葉に対する気持ちを知る機会を得ました。

　福岡市内のある校区で様々な地域活動をしている地元のみなさんを対象にワークショップを行い、その終了後の懇親の場で、何人かの高齢者の方にお話をうかがうことができました。

　筆者から「いろいろな場で『意見はありませんか』、『質問はありませんか』と投げかけてもなかなか発言されませんよね。あれってなぜなんでしょうかね」と尋ねると、ある高齢者が「あなたから『意見を言え』って言われても、私はあなたに意見できない」、また「あなたから『質問を出せ』と言われても、私は立派な質問は出せない」と言われました。

　つまり意見を言う、質問を出すということには「立派なことを言わなければならない」というプレッシャーがかかっていたことがうかがえます。ちなみに同じことを他の方や他の校区で尋ねても同様の反応でした。

　ということは、**私たちが使っている言葉がいつの間にか相手にプレッシャーをかけ、心理的な壁をつくってしまっているならば、この壁を低くしていくことで「声を出しやすく」してあげる工夫ができそうです。**

そこで今、筆者は「質問はありませんか」の代わりに「何か確認したいことはありませんか」や「何か聴き逃したことはありませんか」、そして「意見はありませんか」の代わりに「感想を聴かせてください」と言うようにしています。まだまだ"臨床実験中"ですが、以前よりは出やすくなってきた感覚を持っています。

他にもあるのではないかと探っていくと、研修などでよく使う「発表してください」も同様です。どうもこの発表に対して苦手意識を持つ傾向があり、ちょっとアレルギー気味な反応も見受けられます。

これに対しては「話の中で出たことを紹介してください」、「コメントをひとことください」とあえて"発表"の二文字を使わないようにする投げかけ、お互いの内容を歩いて見て回る「ギャラリーウォーク」という手法を用いて発表に代えることもあります。

このように見ていくと、**言葉を通じて相手の理解や感情、動きに対して働き掛ける要素が大きい「場づくり」において、そこで使う「言葉の選択」とそれに対する場の反応への「観察」は極めて大切なポイントであることがわかります。**

まずは相手にとって「わかりやすく」、「入りやすく」、「動きやすく」していくことが肝要です。言葉は相手との間で意味が通じて初めて生きるもの。日頃から言葉に対する感性を磨いていきたいものです。

ポイント
言葉への反応を観察して参加しやすくする言葉をかける

② 参加の気持ちを下支えする「道具」

　会議をワークショップスタイルのプログラムで進める際には、いろいろな道具を使用しながら進めることが多々あります。

　言葉だけでやり取りをするのであれば自分の身体一つで場に向き合うこともできますが、道具を使うとなるとそれなりに「慣れ」も必要です。逆に慣れていないと使えるものも使えず、場への参加意欲を減退させることにもつながりかねません。

　そこで、「道具の使い方」がわからずに躊躇してしまうケースを捉えながら乗り越えるポイントを具体的に紹介します。

■模造紙

　まずは「模造紙」です。…と言われてもどんな紙のことを言っているのかピンとこない方もいるのではないでしょうか。

　実は、「模造紙」は地域によって呼び名が違います。例えば、山形県では「大判用紙」、新潟県では「大洋紙」、愛知県や岐阜県など東海地方では「B紙」と呼ばれ、九州方面では「広用紙」と呼ぶ地域もあります。グループワークで地元の参加者に対して、「では、模造紙をテーブルに広げてください」と話すと、キョトンとされることがよくあります。

　グループワークの定番中の定番でも、**名称と現物が一致しないとスタートが切れないので時に要注意です。**

■付　箋

　お馴染みの付箋は、書き込んで、貼って、はがせてと便利に使え、

特にアイデア出しや多くの意見など
を分類する際にはもってこいの道具
です。最近は大判のものからハート
型やリンゴ型といったポップなもの
など、実用から遊びまで幅広い種類
が見られるようになりました。

　ただ、使い方がわからないとちょっ
と困ることもあります。通常は、糊がついているほうを上にして書き
込み、1枚ずつはがして何かに貼りつける、というのが付箋の使い方
ですが、時々糊のついている面を確認せずに書き込んでしまうことや、
先にはがしてその裏側に書き込んで、後で貼り付ける際に糊のある面
を折って貼るといったシーンがよく見受けられます。これは、付箋の
「使い方」がわからず無意識にやっていることなので、**使い方をきち
んと説明することで気持ちよく使ってもらうことができます。**

　筆者は、参加者に付箋を使ってもらう際には、「もうご存じとは
思いますが念のために、付箋は糊がついていないほうに書いてくだ
さいね。糊があるほうを上にすると後で貼りやすくなりますよ」と
言っています。使い方がわかっている方は「ハハハ」と笑いますが、
「そうやって使うんだ」といった面持ちで手を動かし始める人は意
外と多いものです。使い方で恥をかかせないためにも、そっとひと
こと添えることも必要です。

■水性マーカー

　付箋と同様に、「水性マーカー」も「使い方」を伝えてください。
筆者がよく使うのは「プロッキー」です。直接書き込んでも裏写り
せず、インク臭もなく、色も豊富でカラフルに使えるのが特長です

が、これにも意外な落とし穴があります。

　10年以上前に福岡市内で行った老若男女が集まってのワークショップでは、たまたま会場が小学校だったので、いつも使う道具に加えて、画用紙、クレパス、そして墨汁を準備しました。

　すると、いつもならば水性マーカーに触ろうともしない高齢の男性が墨汁を見て「わしが書く」と言い出して、見事な達筆でまちのキャッチフレーズを書き上げました。幕間に「お見事でしたね」と声をかけると、その方から「若い者と違って筆は得意だからな。それにしてもあの水性のマーカー、あれはいかん！手元がよく見えないからどこに"キャップ"があるかわからない」と言われました。

　これまでキャップを回しても開かず、使い方がわからないことで恥をかきたくなかったので手をつけなかったとのこと。これは「なるほど！」でした。**使わない背景が見えると対処の仕方もわかるし、慣れた道具であれば何の抵抗もなく使って場に参加してもらえることもわかりました。**

　それ以来、筆者は水性マーカーを使用する際、特に使い慣れない高齢者が多い場合には、「このマーカーのキャップは引いてくださいね。回しても取れませんよ」と伝え、さらに「このマーカーは裏写りしませんから安心して使ってください」と付け加えています。昔の油性マーカーのイメージが残り、裏写りが気になる方がかなり見受けられるからです。でも一度慣れると大丈夫。使い方を覚えるとワークショップへの参加の抵抗感も薄らぐようでどんどん書き始めます。

■ホワイトボードマーカー

　会議でホワイトボードに書き出しながら話すことはありますで
しょうか。最近はパワーポイントを使うケースも増えていますが、
準備のない突発的な話を説明したり、まとめたりする際にはアナロ
グなホワイトボードのほうが柔軟かつ臨機応変に対応できます。

　ただ、大きな部屋で大人数を相手にする場合や視力に不安のある
高齢者が多いような現場では、細くしか書けないホワイトボード
マーカーでは「見えにくく」なるのが常です。

　そこで筆者は「ボードマスター」を
持ち歩いています。極太・太字・中字
の3タイプを場所に合わせて選べて、
遠くからでも比較的ハッキリ見えるた
め重宝しています。**見えやすくするこ
とで参加者のストレスを軽減します。**

　**このようなエピソードの底流にあるのは「知らない」、「わからな
い」、「見えない」状態への不安感のようです。**

　まずは道具の使い方をきちんと伝えて「使いやすく」し、慣れた
道具も準備して「やりやすく」、そして「一歩踏み出しやすく」す
る場の環境を整えることが肝要です。相手を観察して、気になるこ
とは直接尋ねて場の改善につなげていきましょう。

ポ イ ン ト

参加者が「使いやすい」ことを基本に道具を整える

3 参加しにくさを見つけ出す「観察」

「観察」とは、「物事の様相をありのままにくわしく見極め、そこにある種々の事情を知ること」（三省堂『大辞林』）。観察力とは、そこに「見えることを見る力」です。見える範囲からありのままの状態を注意深く見ることによって場の様子やそこに起こっている変化を理解し、場に潜む「壁」の存在を見つけ出します。

では、場を観察する際に持っておきたい視点を探ってみましょう。

■相手の中にある「やりにくさ」を見つけ出す

ファシリテーションのそもそもの意味は「○○しやすくする」ことです。まずはその場で起こっている「○○しにくい」を見つけ出すことが観察の第一歩です。

例えば先述のように、使う言葉が相手にとって「わかりにくい」、「やりにくい」状態をつくっていないか、道具が「使いにくい」、「扱いにくい」状況にしていないかを観察します。

その際には、相手の行動や仕草、表情などを観ながら、不安感や不快感、行動することへの躊躇などを察知します。そして「なぜ、そうなっているのだろう?」と考えることによって、見えないところまで見抜く"洞察する力"も鍛えることができます。

そして、自分だけで考えるのではなく、現場（相手）の声を直接聴いてヒントを具体的に抽出することも試みます。一人では気づけない事象に潜む物事の真実や本質に気づくことも可能になります。

さらに、場が動いていく最中の"変化"には要注意です。例えば、会議の前半まではうまくいっていたのに後半から何かうまくいかな

116

かった、といった場のモードの変化やギアチェンジには何かきっかけや原因があります。

　例えば、昼食後の"睡魔"による参加者側のペースダウンや室温の変化によって集中力を欠くという環境の変化です。事前に予想されることは準備段階で手を打っておくにしても、想定外のことは容赦なく起こるので、常に場の状況への観察に注力していきましょう。

■相手の視点や立場になって想像してみる

言葉遣いのように何気なくやっている「自分起点」の感覚を「相手起点」で考えることで、思わぬ壁に気づくことは数多くあります。

　例えば先般、とある会議会場でグループワークを行うために机の配置を島型でお願いしていたところ、正面に向かって机を横の配置にして島をつくっていました。整然と並んでいたのですが、これでは正面に映し出すプロジェクターの投映画面に向かって真後ろになる参加者（図表17－①：●の人）が全体の半数にも及んでしまいます。主催者側のマンパワーが足りず、会議終了後の原状復帰まで考えると、この方が最小限の労力で対応できるとの「主催者都合」の意識が働いた配置としてよくあるパターンです。

【図表17】自分起点と相手起点の座席配置

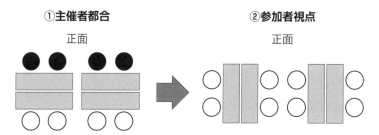

①主催者都合　　　　　　　　②参加者視点

そこで私から主催者側に「これでは参加者のみなさんが『見えにくい』と思いませんか」と伝えて、急遽その場で机の向きを変えて正面に向かって縦の配置にしました（図表17−②）。これで参加者が真後ろを向くことなく「見えやすい」状態にすることができました。

　また、この時は島の数も多く会議開始時間も迫っていたので、参加者のみなさんにも協力いただいて場を転換しました。手伝っていただいた参加者から「実は『スクリーンが見にくいな』と思っていたところだったので、どこに座ろうかと迷っていました。このほうがありがたかった」という声もその場でいただきました。

　このようなささやかなことに気づき、変えるだけでも場の環境は改善します。開始前に会場をぐるっとめぐってみて参加者側の席にいくつか座ってみることで「死角」を見つけ出し、そこで起こりそうなことを想像して早めに手を打っておくことが肝要です。

　また、先述のホワイトボードマーカーのように、相手が「見えにくい」マーカーを使うのではなく、相手にとって「見えやすい」道具を使うことも相手の立場に立つささやかな気遣いの一つです。

　資料の文字の大きさが見えやすいか、資料のサイズが持ち帰りやすいかなどちょっと想像するだけでいくらでも見つかります。

　「自分がやられて嫌なことは他人にもしない」という視点は重要です。相手の立場に立った観察はファシリテーションの現場に留まらず、多様な主体との協働や職場でのチームづくりに役立ちます。

■自分の中で感じている「違和感」も大切に

　ここまで触れてきたように相手起点に感じることを観察することはとても大事です。同時にもう一つ大切にしていただきたいのが「自分自身の○○しやすさ」です。相手や場の状況にばかり目を奪われ

ると、ついつい自分を犠牲にして、結果的に自分が原因となって場がうまくいかないことも起こりがちです。**そこで自分自身を観察して、その中に潜む「違和感」に向き合って自分に対しても気を遣うことをおススメします。**

例えば、現場では予定調和ではないことが起こることを俯瞰して素直に向き合う気持ちは大切です。「へぇ〜、こんなことが起こるんだ」、「こんな人もいるんだなぁ〜」、「こんな風に感じるんだぁ〜」といった自分の心の声の"吹き出し"を受け止めます。そして「ケセラセラ」（なるようになる）な気分で自分自身が向き合えているか、自身の体調などの健康状態も含めて常に"元気"な状態になっているかも観察のポイントとして心得ておきたいものです。

■ "相互観察"によってみんなで「参加しにくさ」を取り除く

場を動かすのはファシリテーターだけではありません。参加者の貢献によるものも大きく、お互いが場を観察し合うことによって多くの視点が交錯し、気づきを「得やすくなる」可能性も広がります。

そして参加者側からの「もっとこうしたら」というフィードバックによって、さらに場が「やりやすく」なれば、まさに両者はwin-winの関係になります。

観察することによって発揮される気遣いや声掛け、具体的な行動を通じて場に潜む様々な壁を一緒に取り除いていきましょう。

ポイント

観察することで場のやりにくさや違和感を見つけ出す

4 気づきを次の動きにつなぐ「省察」

　「省察」とは、「自分自身をかえりみて、そのよしあしを考えること」（小学館『デジタル大辞泉』）。省察とは、そこで起こったことを「振り返る力」です。この振り返りを通じて個々の経験や観察から得た気づきを深めて次の段階につなげていきます。

　振り返りの大切さは多様な分野で取り上げられています。

　例えば、デービッド・コルブ（D.A.Kolb）の「経験学習モデル」では、現場で実践して積み上げられた経験、そして観察によって得られた気づきを省察と概念化によってさらに具体化し、現場に戻すサイクルを回すことによって場と自身を活性化させて「大人の学び」へつなげていく大切さを伝えています。また、業務を円滑に進めていく手法である「PDCAサイクル」においても、C（CHECK）＝検証することによって質を高めていくことが求められています。

【図表18】 D. コルブの経験学習モデル

```
        ┌──→  経 験  ──┐
        │             ↓
   実 践            省 察
        ↑             │
        └── 概念化  ←──┘
```

（出典：堀公俊・加留部貴行『教育研修ファシリテーター』）

■省察を進めるために必要な問いの視点

　省察の方法には、表出している結果を省みる「反省」と、そこに至ったプロセスで自身の内側で起こったことを省みる「内省」があ

ります。この2つの複眼的な視点から振り返ることで場を再度観察
し直して背景の深掘りを行います。

　その際に大切なのが**「何を問うのか」です**。振り返りの際に使う
代表的な問いを通じて省察を進めていく視点を考えていきましょう。

①指摘：「そこで何が起こり、何を感じたのか」

　まず、場で起こったこと、目の当たりにしたこと、そこにあった
こと・ものなどを通じて場における**「事実確認」**を行います。

　**できる限り時系列などでたくさんの情報を集めて場の状況を把握
することが大切です。網羅的に事実を思い出すことを助けるために、
その時の写真や映像などがあるとより対処しやすくなります。**

　さらにファシリテーターには、常に参加者の動向やその場の"空
気"を読み取りながら場を進めていくことが求められます。参加者
の表情や言動などを観察し続けることで得られたことをその場限り
にすることなく、今一度言葉にして振り返ります。そして相手方の
みならず自分自身の中に起こる"内なる声"にも耳を傾けて場を複
眼的に振り返っていきましょう。

②分析：「その原因は何にあり、なぜそう感じたのか」

　その場で起こったことなどの「良し悪し」を思い出して、原因を
考えながら、まずは見聞き感じたままに言語化して書き出します。

　その際には事柄を「事実」と「感情」に分けておきましょう。

　事実は前述のとおり「起こったこと」なので冷静に捉えやすいで
すが、感情は人それぞれで同じものを見聞きしても感じ方には差異
があるので、自分のみならず他のメンバーからも感覚的な情報を集
めておくことが肝要です。率直に感じたことを忖度なく素直に言葉
にすることは難しいですが、振り返りでは遠慮なく取り組みます。

③概念化：「そのことは何を意味し、どのように役立つのか」

　現場の壁として起こったこと、感じたことの背景には何か意味や
メッセージが込められていることが多々あります。これを「だから
やったほうが良い、やってはいけない」というノウハウの形で他者
に伝えていくためには「言語化」が必須です。そこで、これまでの
経験や事例などと照らし合わせながらそこに隠れていることを炙り
出して共通点を抜き出して抽象化し、共通点を１つの言葉でくくる
ことで「概念化」を行います。**この概念化によってこれまで何とな
く感じていた壁を言葉によって白日の下に晒すことができ、次への
対処方法や意味・価値を他者と共有しやすくしていくのです。**

■場で起こった「エピソード」に注目する

　この「指摘」、「分析」、「概念化」の３つの問いの視点で振り返る
際に、**より鮮明に思い出しながら考えることができる素材となるの
が「エピソード」です。現場の具体的な場面の振り返りは、そこに
潜む様々な要因の中から教訓を引き出すとても貴重な材料です。**

　例えば、P114で取り上げた、あるワークショップで高齢の男性
が「これまでワークをしても“水性マーカー”は触ろうともしなかっ
たけれども、“墨汁を含んだ筆”は手に取って書き出した」という
エピソードを３つの視点に当てはめてみると次のようになります。

①「指摘」：いつもならばワークで水性マーカーを絶対に手に取ら
　なかった高齢の男性が“墨汁を含んだ筆”ならば「わしが書く」
　と言って手に取って達筆で書き出し、嬉々としていた。

②「分析」：水性マーカーは使う気が起こらないけれど、筆ならば
　使おうとするのにはどうも理由がありそうだ。そこで本人に声を
　かけると「筆は使い慣れているので得意。水性マーカーは手元が

よく見えないからどこに"キャップ"があるかわからず、使い方がわからないことで恥をかきたくなかったのでこれまで手をつけなかった」と答えてくれた。

③「概念化」：高齢者でも使い慣れた道具を使い、慣れてなくてもその道具の使い方をきちんと伝えて本人が理解すれば何の抵抗もなくそれを使ってワークショップの場に参加できることが期待される。道具の使い方の知る・知らないに参加の「壁」があると考えられる。

このように一人の高齢者の道具を「取る・取らない」のエピソードを省察し、事実の観察の中に潜んだ高齢者の「得手・不得手」の感情を発見したことが、別の現場でも1つのノウハウとして活かされることにつながり、他の現場でも起こりうる「参加しにくさ」をみんなで乗り越えることができます。

■ "振り返り"によって「参加しにくさ」の本質を探る
場に潜む参加しにくさはいつも表出しているとは限りません。

特に、人々の内面に起こっていることは見えにくいため、改めて相手や自分自身から引き出して言語化していくことでその場の全体像が「見えやすく」なります。そして原因を何度も何度も考えて、より多くの人たちと対話を通じて探究していく中から場に起こっている壁の本質に触れ始めます。省察を活かすことによって、場の息遣いの本質に向き合っていきましょう。

ポイント
省察することで場の参加しにくさの本質を探り出す

具体的に行動しやすくする「改善」

　「改善」とは、「悪いところを改めてよくすること」(小学館『デジタル大辞泉』)。「業務改善」や「体質改善」など日常的にもよく使われている馴染みのある言葉です。

　「改善」は現場で知恵を出して具体的に変えていくことが大きな特徴です。さらに一度行って終わるものではなく、状況の変化や求められるニーズによって継続することで持続する力を蓄えます。

　そのためには引き続き「観察」と「省察」を重ねて原因を追いかけていくことも大切です。油断しているといつの間にか状況が減退していくことにもつながりかねません。「PDCAサイクル」においても、A(ACTION)=改善することが次の計画・行動の質を高めていくことにつながることを示しています。

■変える気がないと変わらない

　正直なところ、「どうにかしたい」、「より良くしたい」という“気持ち”が働かないところには“改善の火”は灯りません。

　「このままでいい」という現状維持や「こんなもんだ」という思い込み、「面倒だ」という都合優先では変えられるものも変わりません。**まずは、「何とかならないか」と考え始めること、そしてちょっとでも試してみることが大切です。**

　そのためには「観察」を駆使して「○○しにくいこと」を積極的に見つけ出し、それに対して「○○しやすくする」ための“何らかの手を打つことを心に決めておくこと”で初動を起こすことが肝要です。それは決してすごいことや大それたことではなく、ちょっと

した工夫やささやかな動きの積み重ねで大きな改善につながります。

そこで、これまで実際に現場で出会った「やりにくさ」をファシリテーションの視点を活かして改善した事例を紹介します。

■改善例① 「資料を理解しやすくするために、要約版をつける」

A市のとある制度の説明会議のこと。とても分厚い資料を読み進めていくには説明に時間がかかり、参加者も理解しにくくなります。

そこで、資料の要約版をつけて概略を説明したところ、ポイントが押さえられていて参加者にはわかりやすいと好評でした。

■改善例② 「話しやすくするために、話し合う "人数" を変える」

B市総合計画審議会の会議でのこと。20人のメンバーが座る机の配置は恒例の「ロの字」。事務局からの資料説明の後に「ご質問やご意見はありませんか」と投げかけても大きな空間の大人数の前では遠慮などが働いてなかなか声が出ません。

そこで、席が近い委員同士2～3人で「説明を聴いてわかったこととわからないこと」をバズセッションで話してもらい、そこで出た話を紹介していただく形で意見収集を図りました。グループサイズ（人数）を変えることで声を出しやすくし、自分でちょっと考えて他者と交換することで自分の感覚や視点を確認する機会をつくりました。

ちなみに、パネルディスカッションのような大人数の場では、参加者全員に付箋を渡しておいて、それに意見や質問を匿名で書き出してもらうことで参加者の声や想いを拾い出すことはよく使われる方法です。その際には質問と意見は色を分けておくと一目瞭然です。

■改善例③

「聴き取りやすくするために、進行役の"立ち位置"を変える」

C市まちづくり協議会の情報交換会（ワークショップ）でのこと。

会場は複数の会議室の仕切りを取り除いて設えたいわゆる"ウナギの寝床"のような細長い部屋。事前打ち合わせでは横長で使えないかも検討しましたが、どうしても死角が出るために縦長でやることにしました。また、参加者は高齢者が多かったため、パワーポイントの画面がどこからでもある程度見えやすくなるように、正面と後方の2か所にプロジェクターとスクリーンを設置して情報交換会がスタートしました（図表19参照）。

【図表19】進行役の立ち位置の改善

【改善前】	【改善後】
正面	正面
スクリーン	スクリーン

ところが、画面の展開はうまくいったものの、事前にテストして大丈夫だったはずのマイクがなぜか声を小さくしか拾えず、冒頭の挨拶が前にあるスピーカー（図中●）から最後列にはしっかりと届いていなかったことが判明。すぐにマイクを交換して対応しましたが、今度はちょっと大きめの音が出てきて音量の調整はするものの、

後方では音が反響して高齢者には少し聴き取りにくい事態になりました。ここに「道具」の落とし穴が隠れていました。

　そこで、筆者の立ち位置を前方（改善前図中■）から後方（改善後図中▲）に移し、後ろで進行をするように変更。後ろから話すことで私の肉声が後方のみなさんに直接届いて聴き取りやすくなるようにして前方との音のバランスを取りました。これで何とか進行を続けることができ、冒頭の挨拶のエッセンスを最後に繰り返し伝えることで情報の共有感を高めました。

　ちなみに、使えるはずの機材が使えなくなるのはよくあることです。そこは慌てずに「アナログ」でフォローします。筆者はプロジェクターやパソコンが使えなくなる"もしも"の時に備えて、常に可動式のホワイトボードを1台準備してもらい、いざという時にはボードに大きく書き出して対応できるようにもしています。

■ "改善マインド"によって壁を突き崩す

　改善は「○○しやすくする」というファシリテーションそのものです。常に「改善マインド」を持つことによって自然とファシリテーションの視点で場を創ることができます。

　場に潜む「参加しにくさ」を突き崩すのはあなたです。

**　さあ、気づいたこと、こうやればいいとわかったことはやってみましょう。やってみて初めて見えてくる風景がそこにはあります。**

ポ イ ン ト

改善は「○○しやすくする」ファシリテーションそのもの

第9章

実践への壁を乗り越える「導入術」

ファシリテーションを現場の実践に持ち込もうとする時、なかなかうまく動き出せないことがあります。自分の内側や外側に立ちはだかる様々な「壁」を乗り越えていくには、どのようにすればよいのでしょうか。第9章では、実践の場への「導入」について考えます。

動き出せない理由あれこれ

　ファシリテーションは良いものと知っていても組織や職場では様々な「壁」や「バリア」に阻まれて動くことができず、一度はやっても続かない状況が多く見受けられます。"モヤモヤ感"の中で忸怩たる思いを抱く自治体職員は多いのではないでしょうか。

　そこでファシリテーションの良さはわかっていても、本人や周囲が躊躇して「動き出せない理由」を改めて洗い出してみます。

■**理由①：「よくわからない」**

　何しろ「ファシリテーション」などという横文字の言葉で初めてみる代物に対しては、言葉の意味もわからず何かと不安がよぎります。一体何をやることなのか具体的なイメージが湧かないため「よくわからない」のひとことで片づけられることがあります。また、ファシリテーションを知り、学ぶ機会や現場への接点がないためにわからないという状態もあります。

■**理由②：「今の自分には関係ない」**

　例えば、「ワークショップでファシリテーションが活かせる」ことがわかったとしても、「今の自分の部署ではそんな機会や頻度もないので関係ない」と一刀両断にされるケースです。今置かれている状況にだけ紐づけて小さな接点から部分的にしか見ていないきらいがあります。また、そもそも共働を促す場づくりや多様な人たちとの関係づくりに無関心なためにファシリテーションの価値を見いだせないでいる人もいます。

■理由③：「難しく考えすぎる」

　折角やるならばしっかりやろうと張り切るのは良いのですが、完成形を求めすぎて「こうあらねばならぬ」、「うまくやらねばならぬ」とファシリテーションをあれこれと難しく考えすぎてしまうことがあります。また、すぐに成果を求めすぎて現状とのギャップに苦しみ、もどかしさの中から自分自身を追い込んでしまい、憂鬱な気分になってその後の気持ちと行動が鈍ることがあります。

■理由④：「あきらめが早い」

　ファシリテーションというややこしくて難しいことなんて自分には到底できないと思いこみ、すぐにあきらめてしまうこともあります。また、日頃から人前で話すことが苦手だから、板書するにも字が下手だから、器用にうまくまとめられないから…などネガティブな理由をいろいろ挙げて、自分の今の力では手に負えないと早々に白旗を掲げてしまいます。さらに、すぐに他人に委ねてしまい自身はさっさと後ろに引くこともあります。

■理由⑤：「忘れてしまう」

　一時は熱い思いで何とかしようと考えていても、時間の経過とともにその気持ちを忘れてしまうこともあります。また、現場で危機感が高かった時は意気軒昂だったものの安定した途端に意識が途絶えてしまうこともよくある話です。また、研修などで学んでその時はその気になっていたにもかかわらず、日常の仕事に忙殺されて、いつの間にか熱い思いをすっかり忘れてしまい現場での実践につながっていかないことは日常茶飯事です。

実践編

■理由⑥：「タイミングが合わない」

　本人は十分な意欲や準備が整っていたとしても、組織としては時期尚早で大義名分がなく、予算化するには根回しが不足していて形にならない、上司や担当者が理解不足でなかなか首を縦に振ってくれない、今のトップの方針ややり方には馴染まないといった組織環境に左右されてしまうことがあります。機が熟しておらず打ち出すタイミングが合わずに不発に終わってしまうケースです。

■理由⑦：「仲間がいない」

　何事も一人で事を進めるのはなかなか大変です。誰か一人でも傍にいてくれると心強く困難も乗り越えられそうですが、実際は、理解してくれる人や相談に乗ってくれる人、一緒に取り組んでくれる仲間がいない・少ないといった孤軍奮闘・孤立無援のため後退していくケースは多いものです。また、内部にいなくても他自治体など外部との交流があればよいのですが、これもないと情報交換や相談する窓口が閉ざされてしまい、自身も切磋琢磨していく機会がなくなって意欲が減退していくことがしばしばあります。

■理由⑧：「スキルが十分ではない」

　ファシリテーションを学べば学ぶほど奥が深く、人前できちんとやろうとするには自分のスキルでは不十分でハードルが高いと尻込みしてしまうケースです。また、周囲での成功体験も少なく、自信が持てないことも要因になります。

■理由⑨：「時間がない」

　日々の業務に追われて新しいことに取り組む余裕なんてない、多

くの時間を割かなければならない研修に参加するなんてとんでもない、ファシリテーションを活かすにも準備に時間を取られるので今まで通りのほうが効率的と、時間がない・捻出できないことを理由に避けられることも多いものです。

■理由⑩：「今さら面倒くさい」

　新しいことに取り組んでいくと「すぐに」うまくなりたい、できるようになりたいと考えることは自然なことです。ただ、一定のスキルを身につけるのはそれなりに時間がかかります。これから膨大な時間を使って習得していくには、気の遠くなるような気持ちも出てきて面倒くさくなってしまうことがあります。

　現場でありがちな10の理由に心あたりはあるでしょうか。

　理由の①〜⑤は自分の中にある「意識」の壁、⑥〜⑧は内外の「環境」の壁、⑨・⑩は「時間」の壁です。これ以外にも動けない理由はあるでしょうが、うまくいかない原因がわかればそれに対する対処方法も見えてきます。

　また、いきなり解決するのではなく、まずは動き出して、少しずつでも取り組んで積み上げていくことも大切です。

　「一歩踏み出す勇気」を持って動き出すために、これらの理由を克服する解決の糸口を探っていきましょう。

ポイント

動けない理由を探って解決への一歩を踏み出してみる

「意識の壁」を乗り越える

ファシリテーションを実践する際の最大の壁。それは、あなた自身の中に潜む「意識の壁」ではないでしょうか。たとえ様々なスキルを潜在的に持っていたとしても、それを使おう・活かそうという気持ちが働かなければ何も始まりません。

私たちが何気なくつぶやく“心の声”に耳を傾けながら、その声にどのように向き合っていくのかを考えます。自分のホンネを受け入れつつ、少しでも前に歩むための第一歩を探ってみましょう。

■心の声①：「よくわからない」

この「ファシリテーション」という横文字がまず厄介です。初めてみる言葉、それもカタカナ用語はそれだけで「？」となってしまいがちです。原意は「容易にする（○○しやすくする）」ですが、現場ではひとことで言い表せないような多様なイメージや実際の姿を持った言葉であり、混乱することもあるでしょう。

また、言葉としてはよく耳にするものの、今更ながらに「ファシリテーションって何ですか」と尋ねるのも気が引けて、わからないままにしてやり過ごすことも多いものです。

やはりまずは、どのようなものかを知っておきましょう。辞書で言葉の意味を調べるもよし、機会があれば研修やセミナーなどに人知れず参加するもよし、ファシリテーション関連書籍を1冊買うなり借りるなりして読んでみるのもよしです。できれば数多く触れていただきたいですが、まずは1回・1冊から始めてみましょう。

また、ファシリテーター経験者の話を直接聴くのも効果的です。

豊富な体験談やエピソードを聴くだけでも耳学問として十分なものがあります。また、「百聞は一見に如かず」ですので、できれば現場に行ってみることでわかるきっかけが掴めるかもしれません。

■心の声②：「今の自分には関係ない」

ファシリテーションと出会っても「今の自分の部署ではそんな機会や頻度もないので関係ない」と考える人は随分と多いものです。会議や打ち合わせ、ミーティングのような日常にありそうな場面であっても「そんな場自体がないなあ～」と言われることも多いのです。また、一担当者に過ぎないので場を創る権限がなく、「活かすチャンスがない」とため息をつく人にもたくさんお会いしました。

これは研修などで紹介する事例の程度によって創られるイメージもあり、私たちももっと身近に感じてもらえるアプローチを工夫する必要性を感じています。と同時に、みなさんにも身近なシーンを紐づけていただきたいのがホンネのところです。

ファシリテーションは「○○しにくいこと」を「○○しやすいこと」に変えていくことです。会議、研修、ワークショップのような場に限定されるものではありません。日常の業務や暮らしの中で自分自身にとっての「○○しやすいこと」を生み出す場は、全てファシリテーションと関係がある場であると考えてみましょう。他者に対してそれを考え始めた瞬間に既にファシリテーションの機能は働き始めています。

例えば、「わかりやすい資料を作成する」、「見えやすいように机の配置を考える」、「取り出しやすいように物の置き場所を変える」といった何気ない工夫は身近な、それも無意識にやっているファシリテーションの1シーンなのです。それを大きな場でやるとすればど

のようなことをすればいいのだろうか、何をやると「○○しやすく」なるのだろうかと想像することが大事なスタートラインなのです。

　また、職員同士の自主勉強会や自主研究会、サークル活動や地域活動、家庭内の関係づくりなどもファシリテーションを活かす場になります。業務に結び付けるだけではなく、ファシリテーションが持つ汎用性に着目し、もっと幅広いシーンとの紐づけをしていただきたいところです。

　そして今は関係ないと思っていても、いつ関係する部署に異動になるかわかりません。どうか油断なく「備えよ常に」の気持ちでファシリテーションに親しんでおいてください。

■心の声③：「何だか難しい」

　ファシリテーションはやらなければならないことが多くて「何だか難しい」という声をよく聴きます。確かに、聴く・書く・観る・話すなど多様な所作が融合的に構成されたスキルなので、その場を創るための準備に気を遣うポイントも多く、その手間暇のかかり方が難解なイメージにつながることがよくあります。

　逆にしっかり取り組むことは良いのですが、生真面目に完成形を求めすぎ、「こうあらねばならぬ」、「うまくやらねばならぬ」と自分自身を追い込んでしまうこともしばしばあります。

　また、その追込みの気持ちの中には成果を求めすぎて現状とのギャップに苦しみ、「自分がリードしてまとめなければならない」というプレッシャーもあります。

　ここはもっと気楽に「take it easy」の気持ちで向き合ってほしいところです。ファシリテーションは「○○しやすくすること」なので、そのものをあえて難しく考えないようにしましょう。

　例えば、全部一人でやろうとせずに得意な人と組む、他の人と分担をするといった"チーム"でファシリテーター役を担うことも可です。そして「答えは現場や参加者の中にある」という気持ちで関わり、参加者側に多くの"出番"を創ることで参加者自らがまとめていく道筋をつけていくように促すことも可です。ファシリテーター自身が「○○しやすくする」状態を考えるのも大切なことです。

　また、現場は生き物です。予定調和ではないことが起こること、いや起こすことこそが場の醍醐味。だからこそ場で起こることに素直に向き合う気持ちが大切です。「へぇ～、こんなことが起こるんだ！」、「こんな人もいるんだなぁ～」といった自分の心の声の"吹き出し"を受け止めていきましょう。そして事前の準備は必要ですが、実際に走り始めた現場では「ケセラセラ」（なるようになる）という大胆さも大切です。

　ファシリテーションなんて「よくわからない、関係ない、難しい」とすぐにあきらめて、忘れてしまうのではなく、「具体的で、身近で、気楽に始めること」だという意識が広がっていくと、もっと職場や現場が元気になると考えています。

　「あせらず、あわてず、あきらめず」、そして「じわっと」でいいですから、常にその存在を意識してファシリテーションをあなたの手元に置いておいてみてください。

● ポイント ●

知って、備えて、もっと気楽に考えてみる

実践編

③ 「環境の壁」を乗り越える

　正直なところ、ファシリテーションを活かそうとする際に大きく立ちはだかるのは「組織」という名の壁です。行政は基本的に組織で仕事をしているので、個人レベルで何か事を起こすには膨大なエネルギーが必要になります。一方で、その最初の"火種"となるのは個人です。そして、どうせ時間がかかるとわかっているのであれば着手は早いほうが良く、手近なところからでも、ほんのわずかなことでも、まずは小さな一歩を踏み出すことが肝要です。

　「環境の壁」を乗り越える心得や着手のポイントを探ります。

■時間：「タイミングを狙う」

　自分の中ではファシリテーションを活かす十分な意欲や準備が整っていても、それを受け入れる組織側が全く慣れていなくて、タイミングとして時期尚早というケースはよく聴かれます。組織内で起動させるためのわかりやすく共有できる大義名分がなく、予算化するには根回し不足で形にはならないためにイライラすることもあるでしょう。

　やはり「タイミング」は大切です。きっかけは首長や議会によるところも多いようですが、**組織全体が動き出すには、何か切羽詰まった"危機感"や多様な人たちが絡む"イベント的チャンス"などをテコにして、戦略的に機を熟させることも考えてみましょう。**

　例えば、総合計画策定を市民参加のワークショップ形式で進めたい、地域担当職員が住民ニーズを聴く場づくりができるようにしたい、管理職がメンバー同士の風通しの良い職場にしたい、多様な専

門職との間のコミュニケーションを密にしたい…などの喫緊かつ今日的課題を前面に押し出していきましょう。それもいきなり始めるのは難しいので、ゴールとなる年度の数年前からその必要性を「声に出してつぶやいていく」ことが必要です。また、他の自治体の事例などの情報収集や担当者との関係づくりを行っておき、いざという時には力になってもらい、すぐに組織内キーパーソンに「紹介しやすくなる」ような心準備も大切です。

■空間：「ハードを整える」

ファシリテーションを実践する際の環境整備で、意外と単純な落とし穴となってしまうのが備品や小道具がないために諦めてしまうというものです。特に、可視化をする際に必要な「ホワイトボード」は予算逼迫の折、決裁を得るにはなかなかハードルが高いようです。

ホワイトボードは平時ではポスターなどの掲示やパーテーション代わりの使われ方でそれほど意識されませんが、災害や事故などの緊急時や非常時においては、アナログながらも情報共有を臨機応変に行うことができる道具として大変重宝されるものです。**ぜひ、備品として部署に１台、あるいは他部署との共同購入を模索することも考えてみてはいかがでしょうか。**最近は静電気で壁に貼ることができるシート型のホワイトボードや持ち運びできるものも市販されています。最新の道具の情報にもアンテナを立てておきましょう。

ちなみに、新庁舎を整備した自治体では大会議室の壁全体やフロアの柱をホワイトボードにして職員が立ちながらミーティングができるようにしているところもあります。大がかりにハードを整える機会がある自治体のみなさんはぜひ参考にしてみてください。

■仲間：「理解者を見つける」

　ファシリテーションを活かそうにも一人で物事を進めるのはなかなか大変です。不安と寂しさは自分自身の"心の環境"を寒々とさせてしまいます。このような時に必要なのは仲間です。**誰か一人でも傍にいて相談に乗ってくれる理解者がいればファシリテーションをダイナミックに活かす可能性は大いに高まります。**また、自主勉強会や自主研究会のような場を活かして仲間を募り、共に学び励まし合う環境を創ることもぜひおススメします。

　さらに、自分の自治体内部に限らず、他自治体の"同業他社"にも仲間を求めていきましょう。いろいろな現場での生々しい取り組みを知ることや具体的で突っ込んだ情報交換、本音で語ることのできるお悩み相談をする機会を創っておくと、組織内での孤軍奮闘・孤立無援の状態から気持ちだけでも回避できるようになります。

　県域やブロックを越えた交流や学びの場づくりを通じて自分にとって心地よい環境を自分自身で創る。これからの「働きやすさ」は与えられるだけではなく自らが創り出す。それが「地方創生」時代の自治体職員の姿です。これからの時代の"関係づくり"も自分の手で創ってみませんか。

■人間：「スキルを磨く」

　ファシリテーションの学びは最終的には自分自身に落とし込んで自分のものにしていきましょう。**ファシリテーションは技術なので、学べば学ぶほど奥深く、「改善マインド」を持って身体と頭と心を動かしてトレーニングしていくことで上達します。**そのような環境も内外問わずに創っていくことで未来に備えましょう。学びの環境づくりはこれからの大人の責務と考えます。多様な人と関わる環境

に身を置くことで磨かれる感性や体験は、何ものにも代えがたいあなた自身の一生の財産になります。自分自身が動きやすく、判断しやすくするために、学び続けることを心に刻んでおきましょう。

　そして、いざという時に場づくりができる人となって周囲を助けることができるような存在になってほしいと願っています。

　組織で仕事をすると晴れの日もあれば雨の日もあります。

　また、個人として一朝一夕でできるものでもなく、一喜一憂していても仕方なく、一進一退で進むしかない局面もあります。ファシリテーションを現場で実践する歩みは、まるで大自然の営みのような不可抗力が働くシーンの連続です。

　そのような中においても、あせらず、あわてず、あきらめず、じわっと、おおらかに臨んでいきましょう。

　ファシリテーションを組織へ定着させるには、いくつもの小さな"流れ"が必要です。今は"伏流"で目に見えないことが数年後には大きな本流を創ることがあります。そして、多様な流れが合流してできる日常的な"溜まり"が"恒常的な場"となります。

　人間は環境の子であると同時に、その環境を創り出す力を持った存在でもあります。自分たちのささやかな営みが長い時間をかけて大きな環境を生み出し、その環境の下で人が育つ。その「大河の一滴」のような一歩をあなたの足で踏み出してみてください。

● ポ イ ン ト ●

大きな環境を整えるために「4つの間」に着目する

「時間の壁」を乗り越える

　個人の意識醸成や組織の環境整備には、「時間がかかる」ことが共通の悩みでした。正直なところ日々の多種多様な業務に追われている中で、さらに新しいことに取り組む気持ちの余裕なんてなかなかありません。必要と言われても１つのスキルを身につけることはそう簡単ではないため、「多くの時間を割かなければならない研修に参加するなんてとんでもない」という声も聴きます。また、「ファシリテーションを活かすにもそのための細やかな準備に時間を取られるので今まで通りのほうが効率的で楽だ」という話も頷けます。

　このように**「時間がない・捻出できない」を理由にファシリテーションの導入や活用が阻まれていることが多いようです。**そこで、今一度自分の身の回りの「隙間時間」や「未活用時間」などに焦点を当てて、ファシリテーションをいつの間にか身近に寄せていくポイントや考え方を探ってみます。

■意識的に時間を確保する

　まずは日常的に意識してきちんとファシリテーションに触れる時間を確保する努力は必要です。特に業務上必要に迫られてやらなければならないことが明確であれば否応なく取り組むところですが、そうでなくても先々にファシリテーションを活かして何かを行うことが見えている場合には、その準備時間の優先順位を上げて、意識的に時間を捻出するようにしましょう。例えば、忘れないようにメモや手帳に記入して可視化することや、目につくところに関連書籍

を置いていつでも開くことができるようにしておくことも大切な意識化への工夫です。そうすることで自分の日常の時間の中にファシリテーションに触れる・学ぶ頻度を高めて習慣化する一歩につながります。

「時間が余ればやろう」ではなかなか余りません。貯金と同じで、最初から必要な時間を"控除"しておくことで物理的に確保するようにしていきましょう。そして"時間貯金"に明確な目標をつけておくとその意識も高まり集中力も生まれてきます。良い意味での「欲望」と「危機感」が行動を具体化していきます。

また、**時間がかかるとわかっていることであるならば着手は早いほうが良い**でしょう。「ファシリテーションと出会った時が吉日」と、早めにスタートを切ることによってそこにかかる時間のゴールを少しでも早く自身に引き寄せるようにしていきましょう。

■何かのついでや何かに乗じてやる

わざわざ時間を取ることや主体的に行うことが困難であれば、他の時間のついでやその場に乗じてファシリテーションの要素を入れ込んでみることも考えてみましょう。

例えば、会議を主催・進行する側ではない参加者でいる際に、「もっとこうすればいいのに」と感じることを言葉や行動に表してフォローする（参加者として意識することの常態化）、テレビやラジオなど視聴しながらその内容を手元にメモを取る（"可視化＝ファシリテーション・グラフィック"の練習）、職場で何かやりにくそうで困っているのを見つけたらやりやすくするための手助けをする（周囲の雰囲気や環境の観察のトレーニングと実践）など、ちょっとした隙間にファシリテーションを活かせる時間が潜んでいます。

これらは、一つひとつを改めてやることは困難でも、「○○しながら」やることや意識的にファシリテーションの行為や視点に紐づけをすることによって同じ時間に複数の意味や価値を持たせることにもなります。せっかくの時間ですから"一粒で二度おいしい"くらいの重層的な使い方も工夫してみましょう。

■先人たちの経験や知恵に頼る

　何事もゼロから始めることほど大変なことはありません。全てのことに気を遣いながら積み上げて生み出していく作業は膨大で気が遠くなりそうです。そのような時にこそ頼りになるのが**先人たちの長きにわたる経験に基づく知識や知恵、創意工夫の活用です。**

　書籍はその代表格で、自らの学びから得られるものは基本的な土台をつくることに寄与します。また、様々なファシリテーター経験者の話を直接聴くのも効果的です。正攻法の進め方から豊富な現場の裏話や体験談、エピソードまで幅広く聴くことができれば、ちょっとした壁は乗り越えられます。研修やワークショップのプログラムも実績のあるものを参考にしながらアレンジすることでゼロから創り上げる負担は軽減します。

　また、経験者に助言を仰ぐことで困っているポイントを明確化して解決へ導き、場合によっては直接手助けを求めて自分自身のための"チームづくり"をすることもおススメです。

　一人で考え、悩む時間は自らを成長させるために必要ですが、だからと言って抱え込んでしまって停滞するのはもったいない時間の使い方ではないでしょうか。わからないこと、知らないことは書籍などによる知識、人による知恵、現場での工夫をいい意味でTTP（徹底的にパクる）しましょう。こうした時間の使い方は決して恥ずか

しいことではありませんので考えてみてください。

　ところで、「時間があればやる」という言い訳は本当なのでしょうか。逆に、たっぷり時間があると、むしろ気が散ってしまい、結果的に取り組まないことも多いのではないでしょうか。

　短い時間の中でも使い方を意識することによってファシリテーションを使うチャンスはいろいろあります。そのような“スモールタイム”を通じて、何か「○○しやすくする」ことに精力を傾けることができれば既にファシリテーションの領域に入ってきます。

　また、最近よく耳にするのは「時間がないから研修に行けない」という言葉です。そのような環境下にあることは理解できますが、逆に**「学ばないから時間ができない」**という考え方もあります。いろいろな情報を仕入れて「やりやすい」環境をつくりましょう。

　何かと困難な環境下にある「自分の時間の使い方」の中にファシリテーションの視点から自身や周囲が「○○しやすくする」状況をつくることで、時間の意味や価値をもっと高めていきたいものです。

　このような「時間の使い方」を意識することがいわゆる“働き方改革”の基本と考えています。そして、**この時間の使い方の結果がその人の生き方とすれば、働き方改革は“生き方改革”でもあります。あなた自身が「生きやすく」、「暮らしやすい」時間の使い方を、ファシリテーションを意識することで考えてみてください。**

ポ　イ　ン　ト

隙間時間や未活用時間の活かし方を意識してみる

5 ファシリテーションを馴染ませる視点

　ファシリテーションを個人と組織に馴染ませるために大切な視点を整理しておきます。

■ファシリテーションを個人に馴染ませるために必要な視点

①早めに参加し、存在を知る

　何事も知らないより知っていたほうがよく、体験しないよりはしておいたほうがよいです。研修でもワークショップでも、**触れる機会があれば早めに参加し、その存在を知ることが第一歩を踏み出すことになります**。その際は先輩や経験者からの誘いや勧めが大きな後押しです。誘うという自発性が次の自発性を誘発していきます。

②自分との接点を見つける

　ファシリテーションはあくまでも道具です。その道具を何のために使うのかが明確でなければ、そして自分にとって良いことにつながることが想定されなければ動機づけになりません。そこで、**どんなささやかなことでもよいので自分の業務などがより良くなる接点、楽しくなっている自分の姿を見つけることが重要です**。

③相談できる仲間をつくる

　ひとりでは何事も起こりにくく寂しいものです。**職場や自治体の内外問わず、一人でも相談できる仲間をつくることが大切です**。ファシリテーションは集団による相互作用に醍醐味があります。仲間づくりそのものがその基盤をつくります。そしていざ、という時に力を貸してくれる人とのつながりは、将来の自分、そして組織の足腰を強くしていくと確信しています。

146

■ファシリテーションを組織に馴染ませるために必要な視点

① ファシリテーションを活かすための目的を明確にする

　ファシリテーションを組織に活かすといってもその対象となる場は多様です。また、ファシリテーションは単なる道具に過ぎません。その道具を最大限活かすには、**「何のために使うのか」という目的を明確にし、手段として的確につなぎ合わることがとても大切です。**

② 到達目標のイメージ（姿）を具体化しておく

　対象者（ターゲット）がファシリテーションを活かすことでどのような状態になっていくのかを組織の中の具体的なイメージで伝えていくことが必要です。

　「誰を対象に、どういう状態からどういう状態にしたいのか。そのために何を容易にするのか」を設計します。

③ 職員が動きやすい組織環境整備に努める

　ファシリテーションを活かす組織づくりにおいて首長や管理職の影響は大きいものがあります。

　「改革はトップ（上）から、改善は現場（下）から」といわれる中で、ファシリテーションを活かすための大きな枠組みづくり、現場での自由闊達な状態はトップもしくは管理職層の支援なくして生まれにくいものです。

　少なくともやる気のある職員の足を引っ張らず、管理職は職員が動きやすくなるための職場環境を整えることが肝要です。

ポ イ ン ト

目的を明らかにして身近なところから仲間と共に取り組む

第 **10** 章

参加を促すファシリテーション 活用事例

第10章ではファシリテーションを実際に活用した現場での事例の中から、今でも活用頻度の高いものをご紹介します。会議のみならず多様な人たちが話し合う場をどのように支えて、より良くしていくのかの創意工夫の実践の姿です。事例からこれからの改善のヒントを探ってみてください。

1 オフサイト・ミーティング

　まじめな話をまじめにやる「会議」では型にはまってやりにくいことが多く、気楽な話を気楽にやる「飲み会」では楽しさはあるものの何かがきちんと決まるものではありません。また、ファシリテーションを学んでも、いきなり公式の場の会議やワークショップで進行役を務めるのはハードルが高く、躊躇することもしばしばです。

　そこで最初の一歩として取り組まれるのが「オフサイト・ミーティング」です。非公式ながら最初の実践の場として、職員同士の自主勉強会や自主研究会からスタートする姿を見てみましょう。

■オフサイトは、まじめを気楽に・気楽をまじめに話す場

　オフサイトは、サイト（立場や肩書）からオフ（離れて）して行われる場です。オンサイトと違う「非公式」で「ゆるい」雰囲気の中で行うことがポイントになります。

　まずは手始めに面識のある職員を対象に場づくりを行ってスタートを切ります。ここで大切なのが「まじめになりすぎないこと」。オフサイトはあくまでもオフサイトなので、いきなり成果を求めないことが肝要です。テーマ内容や人数、何を得たかにこだわり、「大

きく」、「たくさん」、「質の高い」ことを求めすぎると何かと負担が大きくなってやりにくくなります。ここは少し遊び心を持って、自分自身が「や

りやすい」スタイルで臨むことをおススメします。行かなければな
らない、続けなければならないといったプレッシャーがかかると参
加しにくい環境をつくってしまいます。場をなるべくゆるくするこ
とで、「参加しやすい」雰囲気をつくることが重要です。

　また、オフサイト・ミーティングは、問題解決よりも参加者が自
分の中で感じる想いや経験などをありのままに言葉にして他者と共
有し、相手との間に起こる共感を通じて相談や協力を求めやすくす
ることで職員同士の共働関係を創ります。この「安心して声を出せ
る状態」こそがオフサイト・ミーティングの大きな価値なのです。

■まずは職員が参加する「きっかけ」を逃さないようにする

　福岡市役所の「明日晴れるかな」では、特にテーマを設定せずに
「最近どんな感じ？」という問いから始めるのが通常バージョンで
す。出てくる話は、参加者個々の仕事やプライベートの近況、最近
のニュースなどで気になっていること、庁内で話題になっているこ
となど様々です。そして相手の話を聴きながら自分の想いを乗せて
いく感じで対話を重ねていきます。時に大きく脱線することもあり
ますが、元々テーマを設定していないので「話したいことを話す」
ゆるい流れに乗り続け、時間が来たら終了。話し足りない人は場を
変えてさらに話が続くこともあります。

　参加メンバーは常連から初参加者まで幅広くいます。初めての人
が参加するきっかけは庁内イントラネットで日時と会場のお知らせ
を見て、自分の業務時間と照らして時間が合ったので来ましたとい
うケースが時折あるそうです。主催者側から見れば「いつものメン
バーが多くて、なかなか新規参加者が増えない」ことが気になりま
すが、参加者側にも気持ちはあっても都合やタイミングが合わない

実践編

ジレンマもあります。ならば、主催者も粘り強く「待つ」姿勢で気長に取り組んでいくことが相手のきっかけを逃さないようにするために必要です。主催側の「ゆるい」気持ちと雰囲気が、参加側の参加しやすい機会と環境を支えるようです。

■「話をしてそうで、話していない者同士で、話をする」場づくり

オフサイト・ミーティングの場でテーマを設定する場合は、対象者を意識したテーマ設定や開催のタイミングがポイントです。

例えば、熊本県庁の「くまもとSMILEネット」の「イブニング・ワールド・カフェ」の年度末恒例プログラム「退職予定者からのメッセージ～暗

黙知の継承」では、日頃は面と向かって聴くことができなかった先輩たちのこれまでの体験やエピソードなどを通じて、公務員としてのありようを考える貴重な場になっています。

先述の「明日晴れるかな」では「公務員を語る。公務員と語る。」と題して公務員に興味のある学生たちを迎えて職員と一緒に語り合

う場をつくっています。学生の就活の一環である以上に、現役公務員のみなさんが学生との対話を通じて自分の新規採用時の初心を思い起こす機会になっています。

　また、兵庫県庁の「元町カフェ」では「働き方改革」など年間テーマを設定して、県職員のみならず市町職員やNPO、企業のメンバーも加わって話題提供をしてもらうことでテーマを深掘りしているところが根強い人気を呼ぶ要因になっています。

　どれも「話をしてそうで、話していない者同士で、話をする」ことが根底にあり、進行や運営に慣れてきたタイミングを見て、市民など多様なメンバーを入れながらバリエーションを増やしてみましょう。ありそうでなかった組合せを考えることが場のコラボレーションを生み出して、場づくりの楽しさへの気づきにつながります。

■オフサイトの経験をオンサイトへつなぐ

　これらのわかりやすいプログラムや共感性や汎用性の高いコンテンツはオフサイト・ミーティングの「ネタ」として各地に伝播しています。まずはTTP（徹底的にパクる）で「やってみる」ことがファシリテーションを身近にしていく第一歩です。

　そして、**オフサイト・ミーティングでの経験はそこで留まらせることなく、できる限りオンサイト（公式）の場につなぐことを忘れないようにしたいものです。**

　行く行くは多様な会議を運営・進行することに活かすことを意識して、話し合いの基本を習得して場に慣れるためにオフサイト・ミーティングから場づくりを「真似る」ことから始めてみませんか。

ポイント

気楽でまじめになりすぎない対話の場づくりをめざす

実践編

② 外部評価委員会

　日々の事務事業を客観的な視点から点検・評価し、次につなげていく外部評価委員会を設置している自治体が数多くあります。

　しかしながら、多様な事務事業の実情を理解して今後の方向性を探っていくために、限られた時間の中でどのように進めていくか、評価する側もされる側も共に悩ましいところです。行政内部での内部評価を経て、市民や外部有識者による外部評価を行う委員会運営にファシリテーションを活かしていく試みを取り上げます。

■外部評価という場の位置づけ

　筆者はこれまで4市ほど行政評価や外部評価委員会の進行を務めてきました。その際、外部評価の前提の確認を事務局と行っています。

　まず、外部評価はあくまでも内部評価を補完するものです。いわゆる事務事業の仕分けとして判断するのではなく、委員が感じるありたい姿を表明しながら委員会として事務事業の方向性を示唆するコメントを出して、判断は執行部や議会に委ねるものとしています。

　そのやり取りの際には重箱の隅をつつくのではなく、褒めるべきところはきちんと認めて、気になるところはしっかりと指摘して、民間の立場から事務事業の良し悪しのメリハリをつける場としています。また、委員会は内部評価を基にした事務事業の成長や発展、改善や終息を図っていくための対話の場と位置づけ、型にはまった議会答弁的ではない本音や背景を引き出していく中から、行政と市民の双方が事務事業のありたい姿の本質に迫る場をめざしたいと考えています。その状況を生み出すには、外部評価委員会の進め方が

154

重要です。「準備」、「対話」、「可視化」の3つの視点から整理します。

■「準備」：悩みのポイントを事前に把握する

　限られた時間で評価を進めるには、次のような事前準備をします。

①評価シートへの記入をしっかりと行うように促す

　私は常々、評価シートは①業務の「引き継ぎ書」、②事務事業の健康状態を知る「カルテ」、そして将来的には③市民との「コミュニケーションツール」としての位置づけ・活用を期待しています。

　ただ、現実は評価シートの記入内容が十分ではなく曖昧なものが多く見受けられ、まだまだ未成熟な感じが否めません。

　そこで、まずは改めて評価シートへの記入を通じて、自らの振り返りをしっかり行うように促し、評価対象事業の経緯や背景など事前に情報を整理してもらいます。

②評価対象事務事業の選定等を通じて概要を事前に把握する

　評価する側とされる側の間には確実に情報格差が起こります。評価する側が概要の理解に至るころには時間切れとなることが多いものです。そこで、事業選定や選定後の事業内容の理解を深める評価前のレクチャーを通じてこの格差を埋めます。さらに追加資料などで事前に補完し、評価者の情報充実度と理解度を上げていきます。

③担当部署の悩みや希望を事前に整理してもらう

　評価される側には、その事務事業の何がボトルネックで、どのようにしたいのかという悩みや意向のポイントを事前に考えておいてもらいます。委員会では、要点を整理して具体的に相談できるレベルにして、後の対話の時間により多くの時間が割けるようにします。

■「対話」：業務改善への気づきの支援を行う

　事前準備を経ていよいよ本番。評価される側のメンバーは後の判断がしやすいように可能な限り上位役職者（できれば部長以上）に参加してもらい、例えば2時間の委員会で2件の事務事業を評価する場合、概ね次のようなプログラムで進めていきます。

【図表20】対話型外部評価の進行プログラム（1件あたり50分の場合）

所要時間	プログラム内容
15分	導入（進め方の確認）〜事業説明（悩みのポイントに特化して説明する）
15分	対話【前半】（事実確認や背景などを探る質疑応答）
20分	対話【後半】（方向や意向を伺いながら評価者からアドバイス〜感想の共有）

　まず、準備段階で整理してもらったボトルネックのポイントを端的に説明してもらい、それに対する事実関係や背景などは質疑応答を通じて掘り下げます。この段階ではまだ評価者からの意見やアドバイスは告げません。そして担当部署としての意向や考えを聴いた上で、それを受けて評価者から問題点や取り組むべき課題を指摘し、事務事業の方向性や具体的な改善に向けたアイデアを提示します。

　そこではかなりの確率で担当部署では思いつかなかった、あるいは抜け漏れていた内容が多様な角度から指摘されます。ここで得られた気づきは、一方的な場にならぬようにお互いが「聴く」と「話す」をかけ合わせながら、可能な限り事務事業の状況や背景への相互理解を図った上でのものなので、これが後に出されるコメントへの納得感を高めていくことに寄与します。

■「可視化」：事務事業の現状などを整理してコメントをまとめる

　これらの対話のポイントを整理し、委員会のコメントをその場でまとめるためにホワイトボードを使って委員会を進めます。

特に、事業目的と事業
内容・対象との関係や事
業の流れといった複雑な
論点整理には書き出すこ
とでお互いが共有しやす

くして理解のスピードを上げます。対話の最後にはその場で委員会
の概ねのコメントを示して内容を確認し、写真に撮ってもらい評価
後の改善の動きに早く着手できるように支援します。

■対話の場を支援し、次の行動変容につなげる

評価される側からは「日頃なかなか気づけない切り口で引き継い
だ事業のそもそもの根本から見直す機会となった」、上位者からも「地
域の現状や実状を一番知っている現場職員との対話があるともっと
考え方や事業構想も広がると感じた」という気づきの感想が聴かれ
ます。**相手を起点として支援する対話の流れが相手の主体性を促し、
これからの職場での内部評価の改善への期待につながります。**

行政職員の仕事の質が高まることは、住民の暮らしの質を高める
ことに直結します。一般的に心理的ハードルの高い「評価」という
場を、まるで健康診断でも受けるかのような気楽に相談できる場に
変え、職員に対しては前向きに業務改善を進めていく後押しとなる
場にしていきたいものです。

ポイント

相手起点の支援型の対話で気づきと行動変容につなげる

パネルディスカッション

　ひとつのテーマについて様々な視点や論点から話をする「パネル
ディスカッション」や「シンポジウム」。産学官民を問わず、各地
で日々開催されているお馴染みの場です。

　しかしながら、このような場の評判が芳しくありません。曰く、
「パネリスト相互にディスカッションが起こらず個々のミニプレゼ
ンテーションの繰り返しで終わる」、「会場の参加者は一方的に聴く
ばかりで退屈な感じ」、「会場とのやり取りが質疑応答にならない」
などなど。このような評判を少しでも改善できないか、と創意工夫
をしてみたパネルディスカッションの事例の紹介です。

■教員と高校生が対話を通じて共に未来の観光教育を考える

　2015年7月30日・31日の2日間、佐賀県嬉野市で「平成27年度
第20回全国高等学校観光教育研究大会」が開催されました。観光
に関する学科・コースを設置している全国の高等学校が相互交流を
深め、今後の観光教育のあり方を総合的に研究し、魅力ある充実し
た観光教育の推進を図ることを目的に毎年開催されています。

　今回の大会テーマは「魅力ある観光教育の在り方～地域と協働し、
産学官で紡ぐおもてなし～」。そしてパネルディスカッションのテー
マは「インバウンドを意識した地域連携と人づくり」。地元自治体
と商工関係者、そして九州外からの高校教諭の3人がパネリストと
して登壇し、筆者はそのコーディネーターを依頼されました。

　幹事校となった高校の校長との打ち合わせの際に、「いつもとは
違う場にしたい」とのリクエストをいただき、目的にある「相互交

流」を活発にするためにワールド・カフェを採用し、「総合的に研究」できるように新たな視点を提供できそうな可能性のある高校生たちを場に入れ込むことにしました。

■パネリストの話題を徐々に咀嚼する「ミルフィーユ方式」

パネルディスカッションといえば、パネリストとコーディネーターが壇上に座り、参加者が会場で話を聞くのが通常のスタイル。しかし今回は、パネリストを壇上で横並びにさせず、一人ひとり登壇して15分ほどのスピーチをお願いしました。内容も自己紹介的なことは極力配布資料に委ね、テーマに対して一番言いたいことや参加者に投げかけたいことに絞って話していただきました。

一方、会場は島型に配置して机上には模造紙を広げておきます。各テーブルには高校教諭や自治体関係者などの大人だけではなく地元の高校生にも加わってもらいました。ここに集う先生方は誰のために研究しているかを考えると、当事者である高校生との直接対話によって気づくこともあるのではないかと期待してのことです。

そして参加者には、パネリストの話を聴きながら気になったことや印象的なことを模造紙の外側からメモを書き込んでもらい、パネリストの話が終わる度にテーブルメンバー同士でバズセッションを5分ほど行い、パネリストも降壇して輪の中に加わります。

これを3人とも繰り返します。3人分の話を続けて聴くばかりだと退屈になり、最初の話を思い出せなくなるという状況になりがちです。せっかく聴いてメモした話を忘れないうちにその場で咀嚼し、同じ話を聴いてお互いに何を感じたかを共有してもらうようにしました。

スピーチが全て終わるとパネリストも全員が会場の中に入り込

み、バズセッションを繰り返すことで会場の雰囲気が温まり、手元の模造紙には3人分の話のメモが積み上がります。この対話の層を重ねる場の進め方を筆者は「ミルフィーユ方式」と名付けました。

■ワールド・カフェで参加者全員をパネリストにする

引き続き会場の参加者全員でのワールド・カフェに移ります。問いは「これからの観光教育はどのような『ワクワク』を地域社会に生み出すことができるでしょうか」。

未来志向の話の中に高校生も入り込んでもらうため、「ワクワク」という言葉を加え、のびのびと話してもらおうと考えました。

この段階になると先生も生徒も、同じ目線で真剣に対話を重ねていく姿が随所で見られます。いわば参加者全員が「パネリスト」になっている状態です。本来の3人のパネリストも会場の参加者と直接話をしていく中で質疑などのやり取りを行います。テーブル周

辺でお茶やお菓子を振る舞っていた高校生たちが「こんなことなら遠慮せずにメンバーに入ればよかった」と語るほどの熱気でした。

■お互いの思いを共有するハーベスト（収穫）タイム

話の後には参加者全員にA4用紙に一言書き出してもらいます。問いは「そのためにあなたが踏み出したい第一歩は何ですか」。

書き出せたらテーブルのメンバー間で紹介し合い、その後、全員が他のテーブルの用紙を見に行きお互いの思いを共有します。

　最後に3人のパネリストと基調講演を務めた講師にその場からコメントを一言ずついただき、全員参加のパネルディスカッションは大きな拍手の中で終了しました。

【図表21】 第20回全国高等学校観光教育研究大会パネルディスカッション・対話会プログラム

時刻	時間	プログラム内容
14:50 ～ 15:00	10分	導入①（全体の進め方の説明）
15:00 ～ 15:20	20分	パネリスト1人目（スピーチ15分＋バズセッション5分）
15:20 ～ 15:40	20分	パネリスト2人目（スピーチ15分＋バズセッション5分）
15:40 ～ 16:00	20分	パネリスト3人目（スピーチ15分＋バズセッション5分）
16:00 ～ 16:10	10分	導入②（対話とは、ワールド・カフェの進め方説明）
16:10 ～ 17:00	50分	■ワールド・カフェ 「これからの観光教育はどのような「ワクワク」を地域社会に生み出すことができるでしょうか」
17:00 ～ 17:10	10分	■ハーベスト ・参加者全員から「踏み出したい一歩」を共有
17:10 ～ 17:20	10分	パネリスト・基調講演者コメント～クロージング

■ファシリテーションで参加度合いを引き上げる

　せっかく集まっている者同士がその場で直接対話をすることで、一方通行になりがちなパネルディスカッションの場も参加の場に変わります。**パネルディスカッションとは「こういうものだ」という思い込みを取り払い、「こうなればいいのに」と思う場を具体的にプログラムにしてみませんか。**ファシリテーションの「容易にする」というはたらきを活かしながら工夫を重ねていきたいものです。

ポイント

思い込みを取り払って本来のありたい場に改善していく

4 地域活動の実践交流

　全国の地域コミュニティでは住民による様々な活動が展開されています。しかしながら、ライフスタイルの変化や少子高齢社会を迎え、その担い手不足や活動のマンネリ化、モチベーションの低下など様々な課題を抱えるようになってきました。そのような中で地域の枠組みを超えた実践交流を通じて新たな糸口やヒント、やる気を引き出そうとする動きが出てきています。

■「今のままの活動でも大丈夫」…そんなマンネリ感を打破したい

　2015年1月30日に北九州市八幡東区役所が主催した「平成26年度八幡東区地域でGO!GO!健康づくり情報交換会」には八幡東区内12地区の健康づくり運動に関わる活動者123人が一堂に会しました。ここは北九州市の7つの区の中でも比較的健康づくり活動が活発な地域。しかし、担い手の固定化や活動内容のマンネリ化などを打破するための方策については「今の活動のままでも大丈夫」という空気もあり、改善や創意工夫をする意識は少々薄い傾向のあるところでした。

　そこで、現在の活動の元気さを活かしつつ、互いの状況を知り合う中から活動内容や着眼点の差異を見つけ出し、活動プログラムや運営方法の創意工夫の糸口を見出そうという狙いで12地区による情報交換会を行うことになりました。その際には一方通行で話を聞く発表会や事例報告会では参加者が受け身になってしまうことを懸念し、全員が対話しながら場に参加できる状態をつくるためにワークショップで会を進めていくこととしました。

その時のワークショップのプログラムは以下のようなものでした。

【図表22】 八幡東区地域でGO!GO!健康づくり情報交換プログラム

時刻	時間	プログラム内容
13:00 〜 13:20	20分	主催者挨拶、地域における取組状況の概要説明、準備体操
13:20 〜 13:35	15分	導入（対話についてのレクチャー）
13:35 〜 14:45	70分	■ワールド・カフェ 　「あなたの地域の健康づくりで自慢できることは何ですか」 ■ハーベスト 　・話して感じた自分の地域の強み弱みを付箋に書き出す
14:45 〜 14:55	10分	休憩（お茶やお菓子を楽しみながら）
14:55 〜 15:15	20分	■地区別作戦会議 　・書き出された付箋を整理してこれからの取り組みを決める
15:15 〜 15:40	25分	■他地域偵察〜作戦のブラッシュアップ 　・他地区の内容を聴きに行き、さらに内容を充実させる
15:40 〜 15:50	10分	まとめと全体振り返り
15:50 〜 16:00	10分	受診率アップのためのキャッチコピー表彰式

■他地域と話して比べてわかる自分たちの活動の「強み」と「弱み」

　まず、同じ地区の参加者が重ならないようにグループ編成を行って、対話のルールを説明した後に、ワールド・カフェによる対話からスタートします。その問いは「あなたの地域の健康づくりで自慢できることは何ですか」。一定の自負心を持つことを尊重して、活動内容のみならず運営方法や参加者・活動者の特徴など、ありとあらゆる角度から自分たちが「自慢できること」を大いに出し合う場としました。仮に自慢話がなかったとしてもこれまで

の活動を振り返るようなものであれば十分としました。

　最初は何気なく聞いていた話が、徐々に自分の活動と他地区の活動を比較していく中で、うまくいっているつもりの活動がもっと上手がいることを知り、逆に大したことはないと思っていた活動が意外と驚かれるなどという事象が随所で見られました。

　途中のメンバーチェンジで、さらにその確信と発見が広がり、最初は腕組みをして聞いていた参加者が思わずメモを取り始める姿も数多く見られました。「負けたくない」という気持ちがちょっとずつ出てきたようです。

　ワールド・カフェの最後には参加者全員に2色の付箋を配り、他地区の話を聴いて気づいた「良いところ」と「不足しているところ」を書き出してもらい、今度は同じ地区の者同士で集まり直して休憩に入ります。お茶とお菓子が対話をさらに後押ししてくれます。

■熱の冷めないうちに形にし、さらにお互いを刺激し合う

　休憩明けは各々が書き出した付箋を出し合いながら一枚の模造紙に皆でまとめていく時間です。持ち帰って後でまとめるとなると熱が冷めてしまうので、「鉄は熱いうちに打て」で一気に言葉を形にしていきます。この段階になると一言も話さない人は皆無で、

全員が場に参加している状態です。各々が付箋を貼り出しながら対話を重ねていく中から徐々に自分たちの地区の活動の特徴の全容が明らかとなり、そこから次の一手となる作戦を練っていきます。

　おおよその作戦が出揃ったところで、1人を残して他のメンバーは再び席替えをして他地区の作戦を聴きに行き参考にします。戻ってきたところで改めて自分の地区の作戦を練り直してまとめ直し、対話全体の振り返りを行いました。

　各地区の担当保健師に感想を聞くと、「これほど住民のみなさんが活発に主体的に話をしながら形にしていくことがなかった」とのこと。保健師には担当地区分を整理し、後日の地区での健康づくりの会議の素材にしてもらうようにしました。

　後日談として、このワークショップがきっかけで翌年度には八幡東区内全地区でラジオ体操が実施されるようになり、その後は若松区、門司区においても同じワークショップを開催しました。

■ファシリテーションで地域活動を元気にするということ

　ファシリテーションを活かして他流試合的な場を創ることを通じて互いに視野を広げ、内省と発見を促すことは、これからの地域コミュニティに刺激を与えるものとして注目されています。

　主催者が住民を集めて伝えたいことを一方的に話して終わるようなプログラムばかりでは地域活動の活性化にはつながりません。

　主催者側がもっと工夫を凝らして場を創り、元気に頑張っている地域の実践の姿を可視化して「見える」状態にすることで、地域の元気を引き出す場がさらに増えていってほしいと願っています。

ポイント

住民同士が交流する対話の場を創って地域を元気にする

⑤ 住民との対話による計画づくり

　住民の価値観やニーズが多様化していく中で、答えが1つではなく正解もわからない時代に突入したと言われて久しいです。限られた地域資源を最大限に活かしてどのようなアクションを起こせばいいのかを判断していくには、多様な住民と職員とが対話し、みんなで「納得解」を見つけ出すことが必要になってきました。

　多様な住民とともに自分のまちの未来を考える計画づくりの場の事例を通じてそのヒントを探っていきましょう。

■多様な住民を「まぜる」ことで地域の縮図を体感する

　兵庫県朝来市は、2015年度からスタートした第1期「まち・ひと・しごと創生総合戦略」を検証し、2020年度からの第2期の総合戦略策定に向けて、2019年7月から月1回の市民参加ワークショップ「朝来市総合戦略あさご未来会議」を5回にわたって開催しました。初回から参加者は主催者の予想をはるかに超えた120人余り。0歳児から91歳までの老若男女が集いました。朝来市で様々な活動している方をかなりご存知の朝来市職員・馬袋真紀さんでさえ今まで出会ったことがない参加者が半分くらいというくらいの多士済々。

地域自治協議会関係者、高校生、大学生、子育て世代の親&赤ちゃん、小中学校高校の先生、企業経営者、社会福祉協議会、金融機関、移住者の方、在住外

国人、さらに市外からも市民、自治体職員なども交じり合って、さながら「地域の縮図」の様相です。

このような「ごちゃまぜ」の場での対話が、参加者にまちの姿を多角的かつ過去・現在・未来を担う多様な世代が持つ長い時間軸で見る視点を提供し、お互いの気づきを誘発し合うようになります。

加えて、対話を通じて地域の多様性に慣れることが、有事の際のつながりづくりの初動を助けるものと期待して場づくりをしました。

■テーマ別対話ではテーマ同士の融合を図る

各回のテーマは第2回「ひと」、第3回は「しごと」、第4回は「まち」として、前半は各々3つのテーマに分かれて話題提供を行い、テーマ別に3つ同時にワールド・カフェを実施。後半は各々の取り組みに対して「OK」は青色、「注意」は黄色、「止め」は桃色の付箋に書き出す"信号機方式"でのフィードバック、さらに他の2テーマでは何を話したのかを共有する"クロストーク"を行って各テーマへの「自分事感」を高めるようにしました。各回ともクロストークの中で3つのテーマと世代別の話が融合し合い、さながら自分の人生やまちの歴史の振り返りを行っているようでした。

特に印象的だったのが、若い世代からの視点に大人たちが刺激を受ける場面がたくさん展開されていたこと。また、提案いただいたアイデアを既に行政が展開していてもそのことが伝わっていないな

【図表23】あさご未来会議の各回のテーマ

回	テーマ
第1回	生き生きとした私たちの暮らしと朝来市の将来の姿
第2回	朝来市で活躍する「ひと」づくり
第3回	魅力ある多様な「しごと」づくり
第4回	希望を持ち安心して暮らせる「まち」づくり
第5回	We are ASAGOiNG!「私の一歩」について語る〜朝来市のまちづくりをSDGsの推進につなげて考える〜

ど双方のコミュニケーションや情報共有のすれ違いの話も目立ちました。また、当事者以外ではこれまでなかなか意識できなかった地域課題の深刻さが共有でき、立ち位置の違いを超えた相互理解への期待が高まりました。

■SDGsの視点を盛り込んだオリジナルプログラムも展開

　最終回となった第5回は「We are ASAGOiNG ～私の一歩について語る」をテーマに、その集大成として「SDGs」に着目し、「知る人が知る遠いもの」というイメージをいかに「誰もが身近に感じるもの」に翻訳するプロセスを開拓するための大いなる実験でした。

　これまでのSDGsへのアプローチは17の目標（分野）を現行の政策に紐づけしていくものが理解への第一歩として多い中、今回は17目標に対して住民の暮らしを起点にSDGsとの接点を"各世代でどのような関わりがどのタイミングでできるのか"という「ライフステージ（時間軸）」と"地域自治協議会の活動を通じて何が寄与できるのか"という「エリア（地域軸）」の2つの朝来市らしい視点からアプローチすることを試みました。

　恐らく全国初のオリジナルプログラムで臨み、どこまで話が膨らみ融合し深められるかが心配されましたが、全ては杞憂となり、5回積み上げてきた対話の力でこれを乗り越えました。市民も職員も、市内の人も市外の人も、老若男女・産学官民が「まざる」状況をそこに生み出しつつ、その背景や意味を可視化することで理解が深まっていきました。最後には参加者全員による「私の一歩（ASAGOiNG宣言）」を出し合って、集合写真にみなさんの言葉と思いを凝縮させました。中山間地4町合併・3万人の朝来市のチャレンジはこの日から次のステージへと一歩を踏み出しました。

実践編

■住民と職員の「対話文化」の醸成と10年後の人材育成をめざす

　回を重ねるにつれて参加者も職員のみなさんも徐々に対話の場に慣れて、対話の内容に集中していたことが印象的でした。

　また、赤ちゃんと一緒に参加いただいた子育て世代の方がいる際には、スタッフや参加者のみなさんが赤ちゃんを代わる代わるみていたことが朝来らしい風景として心に残っています。

　そしてこの5回のあさご未来会議の場を創るにあたり、陰で支えたのは市役所各部署からの若手職員を中心にした職員プロジェクトチームのメンバーです。事前の企画や準備段階から職員プロジェクトチームによるリハーサル、そして当日の完璧なオペレーションまで一貫して取り組んできました。住民の想いや言葉を引き出すテーブルファシリテーター役も板についてきて、対話によるコミュニケーションの取り方のコツを掴んで自分なりの工夫も出始めました。

**　このような場がきっかけとなって、住民と住民、住民と職員、職員と職員の間での「対話文化」が育まれて、10年後にも自分たちのまちの未来は自分たちで考えることができ、対話の場づくりができる人材育成につながることを切に願っています。**

ポイント

多様な住民を「まぜる」ことで対話と参加の価値を高める

コラム3

これからのファシリテーション

　平成から令和に移り変わり、さらに新型コロナウイルスの影響を受けて、これからのファシリテーションはどのようになっていくのでしょうか。私が気になっているキーワードを3つ挙げてみます。

　いずれも「○○しやすくする」というファシリテーション機能がより強く必要とされるのではないかと予想される場です。

①「多世代」

　既に少子高齢時代に突入している中で、時代のスピード感や関わり合いのフィールド感の違う多様な世代が混ざり合って対話することで、お互いの感覚やその背景、強みや弱みを分かち合って理解しやすくする場づくりの必要性がさらに高まると考えています。

　特に、東日本大震災以降から徐々に出始めて、ここ数年で顕著になってきた「中高生と大人の対話の場」は、単にジェネレーションギャップを埋めることに留まらず、今後の時代の先端を行く若い世代から変化のスピード感が違う大人が学ぶ社会教育の場としても、とても重要になるのではないかと予測しています。

②「多文化」

　グローバル化が叫ばれて久しい昨今、インバウンドによる外国人観光客に留まらず、いよいよ外国人定住者と日常的に接する場面が増えてきます。住民の多様性がより加速する中で、いかに「わかりやすい」コミュニケーションを取っていくかは必須の課題です。

国内においても、人の流動性が高まるにつれて、いきなり "赤の他人" と一緒に仕事や活動、暮らしを共にする場は増え続けています。また、ワークショップの構成メンバーは "いつものメンバー" だけではなく、「無作為抽出」によっていつもと違う住民の参加が目立つようになってきました。多様な文化やその背景を受け入れるための場づくりと心の準備は急務です。

③「多チャンネル」

ファシリテーションの手法を使ったプログラムも "単品" から様々なものを組み合わせる "複合" への進化が予想されます。直接的な「アナログ」な手法に基本を置きつつも、これからは間接的な「デジタル」の手法もしっかり身につける必要が高まりそうです。

特に、新型コロナウイルスの感染拡大に伴ってテレビ会議などに代表されるインターネットを活用したオンラインの手法はZoomをはじめとして急速に普及しました。今後、さらに「使いやすい」新たなツールやアプリが次々と開発されると、会議やワークショップの進め方も複合化してさらなる工夫が必要です。参加スタイルもリアルとオンラインが混合してくると、そのルールづくりなどは大きなテーマになりそうです。ひょっとしたら、そう遠くなく「ペッパー」やAIと一緒に場を創ることもあるかもしれません。

時代はいつの間にか変化します。その変化に向き合い、参加者の多様性と手法の広がりに対応するには、個々の現場から直接習い、自らやってみることで慣れることが必要です。「習う」と「慣れる」の「習慣」をこれからの自分に馴染ませてみてはいかがでしょうか。

ファシリテーター
を支える言葉

3

> 「自分に対しては損と得とあらば
> 損の道をゆくこと
> 他人に対しては喜びのタネまきをすること」
>
> （鈴木清一・ダスキン創業者）

　これは、筆者が対立や紛争、利害調整など何か困難な場や局面で場の進め方を判断する際にふと浮かぶ言葉です。特に合意形成を進めていく際には、ともすれば「うまくやろう」と考えがちですが、参加者と真摯に向き合いながら、一緒に素直に着実に重ねて「きちんとやる」ことが多様性を束ねて紡ぐ合意形成には欠かせません。

　スピードを気にする主催者や進行側からはあまり好まれませんが、その場は「誰のためにあるのか」を考えると、参加者側に良いことが起こるために裏方としてできる限りのことをしっかりやる。多少時間がかかっても端折ることなく丁寧にやることが肝要です。

第 **11** 章

オンライン時代の
ファシリテーション

会議のスタイルとやり方は時代と共に変化します。
近年、インターネット環境の中で「オンライン」
や「リモート」で行われる会議が増えてきました。
第11章ではインターネットを通じた会議の場での
ファシリテーションのポイントやコツについて紹
介します。

オンラインの場の特徴

オンラインでの会議は、リアルと少し勝手が違います。

オンラインならではの場の特徴を整理しておきましょう。

■人間の五感のうち「視覚」と「聴覚」しか使えない

まず、リアルな場であれば、その場の雰囲気や空気、熱気を感じることができますが、オンラインではなかなかそういう訳にもいきません。逆に、**自分の気持ちや想いは相手の視覚と聴覚に訴える言葉に表すことが大切です。** そして視覚ではテレビ的、聴覚ではラジオ的に伝える感覚が大切です。例えば、テレビショッピングの話し方や食レポの言葉の使い方はとても参考になります。

また、**オンライン画面上の反応（表情、仕草など）から相手の状況を汲み取ろうとする観察力もより求められます。** 画面を見続け、その中で起こる動きを追いかけ続けていくとリアルに比べてかなり疲れますが、その分、集中して短時間でやっていく良さもあります。

■参加者は各々の場で「ひとり」であることを意識する

会議での「聴き逃し」、「見落とし」、「わからない」ことが起こった時、参加者同士が同じ場所にいればその場でお互いにちょっと隣に聴いて確認することができます。しかし、**オンラインでは傍には誰もいない状態で部屋に一人でパソコンに向かっての参加が多くなるため、参加者に対して適切なフォローが必要です。**

会議中ずっと声がかからず一声も発さなければ、ただそこにいるだけになってしまい気持ちが引いてしまいます。置いてきぼりにな

らず、参加したくなる場にするためにも**参加者一人ひとりに丁寧に向きあい、発言する機会を意識的に創ることが肝要です。**

また、**参加者も疑問点などは自ら尋ねるようにし、相手の話が聴こえづらいところはその旨をきちんと伝えて再度確認をしっかり取る、といったことを意識的に働きかけていくことが大切です。**参加を通じてそこにいる実感を生み出していきましょう。

実は、このような"勝手の違い"はリアルでは無意識にやっていたことの中に潜む「会議の落とし穴」なのかもしれません。

その場でどうにかなるだろうと準備を怠ったり、相手任せになって自分では考えなかったり、時間に対してルーズになったりという会議の場の"癖"が洗い出されて強制的に改善されている感覚を、オンラインを使うようになって強く感じることが多々あります。

また、オンラインは一人ひとりの顔が表に出る分、参加意識の向上や発言機会の獲得も利点として挙げられることがあります。いつでもどこでも誰とでも、多様な人々の参加性を高めることができ、画面上はフラットな場ができやすいのもこれまでにない感覚です。

このような**オンラインの特性をファシリテーションの「○○しやすくする」考え方**と**"参加者ファースト"の視点**で会議の場にも当てはめてみましょう。そしてリアルであれオンラインであれ、改めて会議のあり方とやり方を再検討するチャンスと捉えてください。

ポイント

オンラインはまず「参加者ファースト」を意識する

オンラインの「準備」と「導入」

オンラインは物理的なオンライン環境を整えるところからスタートです。慣れないことこそ早めに準備に着手しておきます。

■まずはオンラインを「やる」と決めて複数の選択肢を持つ

多くの自治体では情報管理上、厳しいセキュリティ対策を行っていますので、一部を除いて外部とインターネットで結ぶことができない環境になっています。ましてや自席のパソコンにはカメラが搭載されていないものがほとんどで、「テレビ会議」には向きません。

このような「できない」と言っている理由はあれこれありますが、これからはそうも言えない環境になりそうです。例えば、外部と結べないのであれば内部に影響がない別回線を持てばよく、機器がないならば本気で予算を取って整備し、オンラインのことがわからないのであれば習って慣れればよく、時間がかかるのであれば躊躇せず少しでも早く取り掛かればよいのではないでしょうか。

恐らくオンラインはこれからの時代の"標準装備"になっていく可能性があります。何か起こった時に行政の動きを止めないために複数の選択肢を持つことで慌てないようにする心の準備として、まずは「やる」と決めることが求められていると考えておきましょう。

かつてパソコンやスマホに初めて触れた時、「いやだな」という気持ちを持ち続けるよりは、早く習い、慣れることで「習慣化」していきました。その第一歩はまず「やってみる」ことなのです。

■事前準備は、より早めに、より丁寧に、より入念に

　筆者がオンラインをやり始めて感じたことは「事前準備」の大切さ。

　最初は、お互いのオンライン環境の状況を確認します。Wi-Fi環境などの通信の安定感、周囲を気にせず音が出せる場所か否かの安心感、光量の充足感などを確認して整えます。

　目的の確認、議題や論点の整理、時間配分などはリアルと同様に大事です。特に資料はその時に机上配布することができませんので、可能な限り事前に配布・共有していくことが求められます。その情報もあれこれ載せるのではなくポイントを絞っておくと参加者の意識を集中させることができます。**事前準備はリアルよりも、より早めに、より丁寧に、より入念に行うことを心がけておきましょう。**

　また、話し合いの場が少し大掛かりになる場合は、進行役と技術サポート役（資料などの画面を映し出す、記録をタイピングして残す、参加者が画面から落ちてしまった時のフォローをするなど）が一緒にチームを組んで対応することも必要です。

■進行表をつくって準備項目を整理する

　そして、事前にタイムテーブル（進行表）をつくって準備項目を整理します。**時間軸で話し合いの場面を思い浮かべて、足りないものはないか、そのタイミングでいいのか、どうすれば参加者が困らずにすむのかを想像して手を打っておきましょう。**

ポ イ ン ト

まずオンラインを「やる」と決めて、より丁寧に準備する

③ オンラインの「対話」と「進行」

オンラインではファシリテーターも参加者もお互いに相手の「視覚」と「聴覚」へ積極的な働きかけが大切です。

■お互いにハッキリとリアクションや意思表示をする

まずはどの立場であれ、表情、声、テンションは少し盛り気味に話すようにし、相手には表情や仕草で大きめに反応するようにしましょう。互いに相槌を打つ、拍手するなどが重なると画面上でも場がイキイキし、全く動かないと "お地蔵さん" のようになります。

ただ、どうしても画面に出ることができない際には、オフ画面や名前表示のところに「耳だけ参加」、「30分後に参加」、「離席中」などと出しておくと状況を理解されやすくなります。

発言したい時は、手を耳の横に挙げて5〜10センチくらい前に出すと画面からは拾いやすくなります。また、チャット機能を使って言葉で意思表示するのも大切な方法のひとつです。

■発言はちょっとしたルールを決めておく

オンラインで発言する際はメリハリを意識します。

例えば、自分の名前と何を話すか（質問、意見、感想など）を最初にきちんと告げて話し出すと聴き手は認識しやすくなります。そして発言の終わりを「以上です」など明確にすると次に発言する人がタイミングを図りやすくなります。また、情報量は絞って話すほうが印象的な発言になります。

■参加者の発言機会を創りながら進行する

　参加度を高めるには、必ず相手の名前で呼びかけながら進行側が参加者一人ひとりに対して一言発する場を創ることが大切です。

　例えば、冒頭の「チェックイン」（例：近況報告など）と終了前の「チェックアウト」（例：会議の感想など）では、進行側から画面で見えている順番に全員の名前を一通り呼びあげて進めると参加者の心の準備もできます。また、ストラクチャード・ラウンド（P98参照）の手法で全員に一言求めることも意識的にやってみましょう。

■ブレイクアウトルームには丁寧な事前説明が不可欠

　話し合いの中で参加者に動きをつける場合は、具体的に何をどこまでやるのかを事前に明確かつ丁寧に伝える必要があります。

　例えば、Zoomの「ブレイクアウトルーム」（少人数に分けて話す場を創る機能）を使う際には、ルーム移動後に参加者同士が"お見合い状態"にならないように、「○○について」、「まとめずにまずは意見を共有して」、「時間は△△分で」、「名前の五十音順に話してください」などと具体的な進め方の事前説明が不可欠です。できれば口頭に加えて画面共有で内容を示すとさらに伝わりやすくなります。

　長時間の場合は、**適切なタイミングで休憩を入れ、お茶など飲みながらリラックスした雰囲気づくりも進行のポイントです。**

ポイント

オンラインのやり取りはメリハリを付けながら丁寧にする

オンラインの「可視化」と「支援」

　オンラインでも参加者が共有・理解しやすくする可視化と、参加者が安心するための支援の視点は必要です。

■オンラインの機能を活用する

　オンラインでの可視化の基本は「画面共有」の機能を使って行います。自分で作ったPowerPointの資料やネットの検索画面など、画面共有機能を使えば言葉で伝えるよりも多くの情報を簡単に共有できます。また、**可視化のツールはいろいろありますが、まずは手慣れたもの（WordやPowerPoint、Excelなど）で大丈夫です。**

　他にもオンラインツール（Zoom）の機能を活用してみましょう。

①「スタンプ機能」で参加者の傾向を共有する

　あらかじめ用意したスライドを画面共有し、参加者にスタンプを押してもらいます。タブレットの場合はスタンプがないので、手書き入力機能やチャット機能などで対応してもらいます。

②みんなで一緒に「ホワイトボード機能」を使って書き込む

　対面リアルの研修で、皆で模造紙に書き込むようなイメージです。誰かが話している内容を画面共有機能の中にあるオンライン上のホワイトボードにテキスト入力もしくは手書きしていきます。ライブで書き残すことで記憶に残りやすくなり、手元に保存することもできます。

③「チャット機能」で内容を共有する

　個別の部屋で話し合った内容はメモやテキストで残しておき、メインルームに戻ったときにチャットに直接書き込んで共有します。

■手書きやアナログの手法も併用する

　オンラインだからと言って「アナログ」なものを否定はしません。

①手書きしたものを見せ合いスポットライト（映像）で共有する

　A4・A5用紙などに、問いかけに対する自分の考えを書いてもらい、それをカメラの前に出して見せ合います。見せている人を「スポットライト機能」で拡大して見やすくします。

②手書きしたものを写真にとって画面共有する

　手書きしたものを写真に撮って、それを画面共有します。アナログをデジタルに乗せることができるため応用範囲が広がります。

③手や身体でサインを出してもらい全体共有する

　画面表示をギャラリービューに切り替えて、全員にジャンケンや○×などの簡単なゼスチャーをしてもらいます。例えば、今の自分の健康状態は？の問いにグー、チョキ、パーで表現してもらいます。

　オンラインのツールは進行側が良いと思っても参加者側がついていけないようでは本末転倒です。**常に参加者の状況を観察しながら参加者起点で省察して改善のサイクルを回していきましょう。**

ポ イ ン ト

オンラインの機能とアナログの手法を併用して使う

オンラインの現場事例

　行政主催の委員会、研修会や講演会、イベントやワークショップ
などが新型コロナウイルス感染拡大防止のために中止や開催延期、
書面運営などのやり方の変更を行うケースがたくさん出てきました。

　そのような状況の中、福岡県福津市は2020年5月の福津市住みよ
いまちづくり推進企画活動補助事業への申請団体からの公開プレゼ
ンテーションと審査会をオンラインで行うことになりました。

■オンライン環境整備が実現への第一歩

　まず、4月下旬に事務局の福津市まちづくり推進室から委員向け
にオンライン会議の実施環境についてのアンケートがありました。

　これまでのオンライン会議の参加経験の有無、経験者にはその使
用アプリケーション、オンライン参加に必要な環境（機器、機能、ネッ
ト回線等）の有無とその内容、その他気になることや質問などを問
うもので、事務局と委員会メンバーのオンライン環境整備の土台づ
くりが始まり、結果「Zoom」を用いての開催となりました。

　そして、従来からの段取りで申請団体からの資料が事前送付され、
各委員は事前に読み込んで論点整理を行って、申請団体もプレゼン
テーションの準備をして当日を迎えます。

■6か所の場を結んでの委員会当日

　委員会当日は、申請団体がプレゼンテーションを行う部屋、今回
参加の4人の審査員のうち2名は各々の自宅から、2名は福津市役所
内の別々の会議室から入り、事務局も加えて計6か所を結んで、本

番前に接続最終テストを兼ねての打ち合わせを経てスタートです。

申請団体のみなさんは、団体別の指定時間に市役所の会議室で市職員のサポートのもと、Zoomの画面共有機能を使ってオンラインでのプレゼンテーション後、申請団体と委員との間で質疑応答。委員側からの

【図表24】福津市住みよいまちづくり推進企画活動補助事業プレゼンテーション並びに審査会プログラム

時間	項目
13:30 ～ 13:45	挨拶、スケジュール確認等
13:45 ～ 14:00	休憩（団体①準備）
14:00 ～ 14:25	団体①プレゼン・質疑応答
14:25 ～ 14:35	休憩（団体②準備）
14:35 ～ 15:00	団体②プレゼン・質疑応答
15:00 ～ 15:10	休憩（団体③準備）
15:10 ～ 15:35	団体③プレゼン・質疑応答
15:35 ～ 15:45	休憩（団体④準備）
15:45 ～ 16:10	団体④プレゼン・質疑応答
16:10 ～ 16:30	休憩（審査会準備）
16:30 ～ 17:30	審査会

発言は、1巡目は予め発言順番を決めてポイントを絞りながらのやり取りを行い、2巡目からはフリーに行います。途中、音声が聴き取りにくい際にはチャット機能も使って文字情報で内容を伝え合いました。

団体プレゼンテーション後は、休憩を挟んで委員と事務局による審査会を開催。概ね時間通りに各々の申請団体の結論に至ることができて、初のオンライン委員会は無事に終了しました。

行政の動きを止めることは地域の動きを止めること。持続可能な行政運営を行うためにはいざという時に複数の選択肢を持つ必要があります。オンラインはその必須ツールとして捉えたいものです。

ポイント

オンラインでもオフラインでもできる状態を創っておく

第12章

職員ファシリテーターの
自己成長への心得

自治体職員がファシリテーターになるためには何が
必要で、どのような心得を持てばよいのでしょうか。
また、ファシリテーターとしての成長や継続を支え
るにはどのような視点や技術が求められるのでしょ
うか。第12章は職員ファシリテーターの自己成長
への心得を考えます。

ファシリテーターの自己成長を支える

　ファシリテーターを育て、育つための環境づくりには何が必要なのでしょうか。地域や職場などの現場を動かしていくファシリテーター養成のポイントを考えてみます。

■「ファシリテーター」に求められる多様な期待感

　一言で「ファシリテーターを育てる」といっても、その役割への期待レベルは様々です。例えば、少人数のグループワークのちょっとした進行を務める「テーブルファシリテーター」と呼ばれるものから、ある程度の型が出来上がったプログラムを進行していくもの、話し合いの内容をわかりやすく書き出してまとめに寄与していく「グラフィッカー」の役割を担うもの、現場の運営全般を委ねられて主催者と協働してそのプログラムづくりから成果物を生み出すところまでトータルに携わっていくものなどなど。それをボランタリーに単発で行う立場から、職業としてロングランにやっていくものまで、ファシリテーターになろうとする本人の到達目標も含めて、求められる期待値には様々なものがあります。

　正直なところ、この「ファシリテーターを育てる」ことは一筋縄ではいかない難しいことだと筆者は感じています。

　何しろファシリテーターを名乗るにあたって、公的な資格があるわけではなく、持つ力量への客観的で明確な基準があるわけでもありません。また、現場は生き物で固定のパターンがあるわけではないので、何か1つを学んでも全てすぐにできるものでもありません。臨機応変に対応していくにはそれなりの現場実践を積んでいく必要

があり、持てる力量によって活動フィールドも広がっていきます。

■「習う」と「慣れる」でファシリテーターの自己成長を支える
　ファシリテーターを養成する際にはまず、「何のためにどこで使うのか」という目的と現場イメージを押さえ、さらに本人の意向も踏まえて「どの程度までやるのか」という到達レベルを一旦定めておくことが必要です。具体的な姿を定めておくと支援しやすくなり、何よりも本人の自発的なモチベーションを高めることができます。

　そして、ファシリテーターが「できる」状態をつくるためには、P4で触れているようにいくつかの段階を踏みます。最初の「しっている」状態を創るためには「習う」ことが必要です。そして「意識している」と「している」状態をつくるには「慣れる」ことが大切です。この2つのステップを詳しく見てみましょう。

① **「習う」／ファシリテーターを支える素材を知る**
　ファシリテーションを知り、学ぶ代表的な場が「研修」です。その際には前述のとおり、「何に活かしていくのか」を確認し、具体的な現場を想定・確保しておくことで現場実践にスムーズに移行できます。そして少しでも身体を動かして体験するために、可能な限りまとまった時間を確保しておきましょう。講義だけではなかなかピンとこないことも多く、**模擬的に演習で体感することは、イメージとは違う気づきを引き出すためにも重要です。**時間的に難しい際には具体的な現場事例の情報提供で補完していきます。

　また、ファシリテーションのみならず様々なコミュニケーション能力や多様なスキルを知って身につけておくことも大切です。場の多様な関係者をつなげていく「コーディネーション」、進め方など

を適確に伝える「プレゼンテーション」、個人から相互信頼関係を引き出す「コーチング」などは意識しておきたいものです。また、場全体をざっくりとつかむ俯瞰力、プログラムを組み立てる企画力、書き留める際に相手の主訴をはっきりさせる要約力、全体像をすっきりさせる構造力などといった多様なスキルを会得することでファシリテーターとしての基盤と幅をつくっていきましょう。

　全てをすぐに習得することはなかなか困難ですが、まず自分の「強み」を発見し、その後苦手なことを徐々に克服して全体のレベルを上げていくことをめざします。

②「慣れる」／ファシリテーターが試せる現場を創る

　しかしながら、研修という場で一般的なことを学んでも、実際に現場で具体的に活かしていくかどうかは本人次第です。集合研修の部屋の中で学ぶに留まらず、学んだことを常に意識しながら、可能な限り具体的な自分の現場につなげていく努力や工夫をすることが何よりもリアルな学びにつながり、その経験が人を育てていきます。

　まずは、簡単なことからやってみて「場数」を踏んでいけるようにしていきましょう。場数は「馬鹿' s」という馬鹿の複数形です。最初は失敗しても OK。漢字や算数のドリルを解くように、繰り返しながら自分の身体に叩き込んで馴染ませて意識し続けていくことが大切です。また時には「修羅場」をくぐってどっしりと身につけるのも貴重な経験になります。いきなり外向けにやるにはハードルが高ければ、職員同士の内向きの場である「オフサイトミーティング」などをトレーニングの場として活かすこともオススメです。

　そして実は、私たちはみな、このファシリテーションを行ってきた経験があります。それは小学校時代の学級会やクラス会です。

　全員が発言し、他人の言うことを聴き、少数意見も尊重し、ポイントを板書（可視化）して、全員の合意を取る、という作業を私たちは意識的に繰り返してきました。ところが、その後はそんなことは無意識の世界に入って全くやらなくなり、そのまま大人になってしまいました。せっかくやってきていたのにもったいない話です。

　そのような無意識の領域の存在に気づき、**「習う」と「慣れる」をもっと意識して「習慣化」していくことをお勧めしたいのです。**

■「たまたま」の経験も大切にする

　実は、筆者が場の空気を読むようになったのは、たまたま転校生だった経験から知らない土地・人間関係の中に入っていくことに慣れたことがきっかけでした。人前で話をすることに抵抗を感じないのは、子どものころからのアナウンサーへの憧れがたまたま続いているから。滑舌よく話すことを心がけ、日頃からラジオを聴き、テレビではアナウンサーの言葉の選び方や立ち居振る舞いを真似ることが学ぶ要素でした。

　たまたま興味を持った演劇も、台本作りや配役、役者の台詞回し、仕草、立ち位置、そして裏方の段取り、打ち合わせ、空間配置、小道具など、1つの場を創り上げることに必要な事柄を学びました。

　これまでの「たまたま」の経験からの学びも大切にして、自分の「強み」として活かしてください。

ポイント

習うと慣れるで「習慣」にし、「たまたま」の体験も大切に

職員ファシリテーターに必要な技術

　職員の立場でファシリテーターとなるためには何が必要で、どのように立ち振る舞えばよいのかを探るために、行政の強みと弱みを分析した上で、求められる力を考えてみます。

■ファシリテーターとしての自治体職員の「強み」と「弱み」

　まず、職員がファシリテーターを務めるにあたっての「強み」と「弱み」は何でしょうか。各々3点考えられます。

【強み①】基本スキルの「聴く」「書く」を行う場が日常的にある

　ファシリテーションはスキルとしては「引き出す力」であり、そのやり方は「聴き出す」と「書き出す」の2つです。

　特に、窓口など相談援助の業務経験のある職員は相手の状況や背景を「聴き出す」ことはその基本ですし、"文字文化"がベースにある行政では議事録やメモを取ることが多いため、その場に出たことを「書き出す（残す）」ことにはかなりの基礎力を持っています。

【強み②】公平性を担保する中で「中立性」を生み出しやすい

　ファシリテーターが進行役としての役割の専念する際には、会議テーマや参加者に対して中立性を求められることが多々あります。

　この「中立性」を保つことはなかなか難しいものです。その点で行政は「公平性」を旨とすることが前提にあるため、参加者に対してえこひいきや偏りがない場づくりをしていこうとする意識や素地が潜在的に職員の中にはあるものと考えられます。

【強み③】担当業務や地域を俯瞰する立ち位置を持っている

　職員はその担当業務においては幅広い情報を持つことができる立

ち位置にいます。また、地域全体を見ていくための情報の俯瞰性には大きな強みがあります。

そのため民間の誰かが言い出すよりは行政から全体に声をかけるほうが参加対象の幅が広くなり、相手もそのほうが動きやすい立ち位置にあるのは強みと言えると考えられます。

【弱み①】「追い込み型」の問いかけになりがち

法律や制度の下で仕事を進めるため、その枠組みの中での確認や押さえ込みに入る「追い込み型」のやり取りが多くなりがちです。

例えば「○○についてはどう思われますか」というオープンクエスチョンだと何が出てくるかわからない恐怖感に駆られ、「該当しますか、しませんか」という枠に追い込むクローズドクエスチョンを無意識に使い、話が長く続かないことがあります。

【弱み②】中立性を「安定性」と取り違えがち

公平性を旨とする中で、各分野や地域の代表者を網羅することで行政の中立的な立場を見出そうとすることが多々あります。

ただ、その対象を慣れ親しんだ「いつものメンバー」に頼りすぎると、自身の中立性を生み出すことが場の安定性を優先させることへのすり替わりに陥りがちな場が散見され、その結果、多様性への配慮が欠ける危険性が出てくることがあります。

【弱み③】いろいろ知っているがゆえに「誘導」しがち

日々の業務に精励し、その分野や地域に詳しくなり、いろいろ頑張っているとついつい自分がやっていることを伝えたくなり、その範疇に「誘導」したくなる衝動に駆られます。

それ故に行政の趣旨と違うことには反発しやすく、それ以外は億劫になり、時に相手が暴走しないように押さえ込もうとする力も働

き、これが「一方的」と捉えられてしまうことがあります。

■職員ファシリテーターに求められる力

　これからの職員がファシリテーターを担うにあたっては、次のような力が特に求められると考えています。

① 「問う力」：言葉の背景を深掘りする

　相手の発言の背景や深い想いなどを引き出すには、もっとオープンに「問う力」が必要です。表面的ではなく、「もう少し詳しく教えてください」「なぜ、そのように思うのか」という、より深い情報共有を促すように問いかけるようにしましょう。

　相手の主訴を掴むことによって、現場に眠っている新たなニーズを拾い上げ、具体的かつ本質的なテーマを見つけ出して政策形成などにつなげる基盤ができます。

② 「混ざる力」：多様性に慣れ親しむ

　いつものメンバーではない多様な人たちと接点を持つには、その中に「混ざる力」が必要です。話したことがない人と話す場を創ることで多様性に慣れ、一見不安定な中から創発的に新たな発見をする楽しさを知ることで、変化に向き合う自信への基盤ができます。

③ 「探究する力」：自分と違うことをもっと知ろうとする

　答えや正解がない時代になると、様々な視点から新たに「探究する力」が求められます。「これしかない」だけではなく、「いろいろある」ことを知ることや、時に「本当にこれでいいのか」と常識を疑い、新たな考えや価値に触れることで自分の判断の幅が広がる可能性を拓くことができます。

■職員ファシリテーターへの期待

　今、人々は不寛容な雰囲気の中で、公私ともに目に見えない困難に直面しています。日常の不安や寂しさ、悲しみや怒りなどを少しでも和らげるためには、**あらゆる社会活動を通じて、一人ひとりが日々を「生きやすくする」社会を創ることが肝要です。**

　その中で行政の果たす役割は大きいものがあります。平時では職員がファシリテーターを担うことで市民が気軽に話しやすくなり、一緒に考えることで新しいことを創り出せる期待感を高め、災害などの非常時では職員のわかりやすい説明や動き方が住民の安心・安全の場づくりの善し悪しに大きな影響を与えます。

　これからの時代、市民との共働（協働）や共創によって地域を支えていくことや、多様なセクターの想いを紡ぎながら施策を推進していく上でファシリテーションは不可欠なものになります。そして市民と行政の真のパートナーシップや信頼関係を構築するための大事な場づくりのスキルやマインドになるものと考えています。

　そのためにも**職員が多様な人々と良い関係を持つことそのものが地域社会の底力を高めることにつながります。**職員は職員と住民の2つの立場から相手やその現場に向き合うことで共感の接点を増やすことができる可能性があります。**ぜひ、職員の「強み」を活かして会議の場をより良くすることにチャレンジしてください。**

ポイント

職員の強みを活かして日々を「生きやすく」する

自らを励ますファシリテーション

　ファシリテーターである自分自身を支え、励まし、労わるために活かすファシリテーションの視点を紹介します。

■笑顔と笑い…自分自身が元気であることが場づくりの源

　場にいる人たちが持てる力を十分に発揮しやすい場づくりに必要なのは、何よりも明るい場を創り出すことです。自分一人が暗くても大勢には影響はないだろうと思いがちですが、そのような気持ちをみんなが持ってしまえば場全体が暗くなってしまいます。

　そして何よりも前に立って話をして進行して行く立場であるファシリテーターが健康で元気がなければ、場は元気になりません。

　まずは自分自身が元気であることが場づくりの源になると意識してください。そのために「笑顔」と「笑い」は、自分自身をより良き状態に促すための最大のファシリテーションとなるのです。

　まずは「笑顔」。「人は鏡」という言葉がありますが、鏡を見てニコッと微笑むと鏡の中の自分も微笑みます。逆だと微笑みは消えています。こちらが笑顔でないのに相手に笑顔を求めるのは順番が違います。ただ時折、相手の笑顔に影響されてこちらの笑顔が回復することもあります。また、声に出して笑うことも自分を鼓舞し、気持ちを明るく楽しくするために大切なことです。自分の声を最初に聴くのは自分自身です。発する声を意識的に明るく和やかにすることで、自分の気持ちを開きやすくします。

　他にも、相手に挨拶をすることで心を開き合いやすくし、感謝の気持ちを表すことで関係を続けやすくするなど、まずは緊張をほぐ

してリラックスし、自分自身にいい影響を与えることが、他の人たちの気持ちに連鎖し、場を始めやすくして、話しやすくするきっかけを生み出すことになるのです。

　自分自身の表情や姿勢、言葉や気持ちを観察しながら、自分をより良い状態に促して、自らを支援することにもファシリテーションを活かしたいものです。

■自分自身の気持ちを「掴みやすく」する「対話」

　実は、一番わかっているようでわかっていないのが自分自身のこと。時折、自分が今何を考え、何に悩み、何に向かおうとして、何をしているのか五里霧中でわからなくなることがあります。そのような時には、**自分の心の中に浮かぶ気持ちや感覚、言葉、事実などを稚拙でもいいので文字や絵にして書き出してみましょう。**

　毎日の出来事や想いを記録に残していくものに日記があります。**起こったことや感じたことを自分の内面との対話を通じて言語化することで一日を振り返り、喜怒哀楽の気持ちを落ち着かせます。**しばらくしてから過去の日記を読んでみると、当時のことを思い起こし、今の自分のありようを考えるきっかけにもなります。逆に未来の自分の姿を想像しながら言語化することも、自分のありたい姿を掴みやすくしていく方法です。

　また、他者との対話の中から自分の潜在的な想いが引き出されることもあります。相談相手を一人でも持つことによって、他者視点をもらいながら自分の考え方ややり方の修正すべきポイントなどが発見しやすくなります。さらに、**悩みを吐き出しやすい、ストレスを発散しやすい環境をつくっておくことはメンタル面を支えることにも役立ちます。**

■自分自身の動きを「見えやすく」する「可視化」

　自分の当面の動きをわかりやすくするにはスケジュール表や
TODO（やるべきこと）リストをつくってみましょう。1日、1週間、
1か月、1年間で何をやらなければならないかを付箋や紙に書き出
して列挙し、違うものは分けて同じものはくくり、締め切りの有無
ややるべき順番などの優先順位をつけ、時間軸に置くことで「見え
やすく」して整理します。迷うことも方向性ややるべきことさえハッ
キリすれば実に動きやすくなります。

　筆者は手帳に全てのスケジュール、交通手段とその時刻、宿泊先
などの手配、準備の進捗、完了状態などを書き込んでいます。毎日
の動きを具体的に可視化しておくことで手帳が秘書の役割を担って
くれます。

　自宅の机上には、これから訪問する研修先のレジュメや交通・宿
泊費などの経費の領収書等を月別に分類しています。過去の実績資
料は年別・対象別にファイリングして、どこに何があるのかを探し
やすくして、情報へのアクセスタイムを減らすようにしています。

　**日々の時間をより質高く有効に使って生産性を上げていくにはそ
れなりの工夫や改善が必要です。何気なくやっていることを可視化
することはとても有効なアプローチなのです。**

■場を“ホーム化”して「やりやすく」する「準備」

　筆者は日々多様な現場に赴くため、常に“アウェー”感覚の状態
です。もちろん行き慣れた会場、変わらぬスタッフの存在もあります
が、対象者やテーマ、場所が常に変化するため、自分で主催して相
手をお迎えする場でない限り、行く先は緊張感が伴う場ばかりです。

　そのような“アウェー”の環境下でも自分がやりやすくするため

にいろいろ工夫をしています。例えば、会場によっては時計が話し手の後ろ側にあって見えない、時には時計がない部屋もあります。そこで常に自分の置時計を置いて安心な状態にしています。

ホワイトボードマーカーがインク切れのこともあるので必ず"マイマーカー"を持参しています。パワーポイントは使い慣れた自分のパソコンを使用させてもらいます。また、出張先では自宅での落ち着いた感覚で気分が乗りやすくするために、インターネットを通じて地元ラジオ局の放送を毎朝聴くようにしています。

場によってはできないこともありますが、**可能な限りその場を自分自身のために"ホーム化"するように準備をしているのです。**

■ファシリテーションであなた自身が日々「生きやすく」する

あなたの人生は他ならぬあなた自身のものです。自分の人生の主人公であるあなた自身をどのように演出していくのもあなた次第です。自分を最良の状態に保つことができれば、それはあなたが生きやすい状態に近づいていくことにつながっていくでしょう。

今の自分が未来の自分のためにやることが、未来の自分から過去の自分に感謝するようなことになれば、日々の暮らしがスムーズになって、自分自身の成長にもつながると期待しています。

ファシリテーションでまずは自分自身を元気に動きやすくして"楽"にしていきましょう。

ポイント
自分を元気に動きやすくする工夫で自分を「楽」にする

コラム4

私とファシリテーションとの出会い

　よく、「加留部さんはどのようにしてファシリテーションのスキルを学んできたのですか」と尋ねられます。正直なところ学問的に学んだわけでもなく、本格的な研修に参加したわけでもありません。

　私とファシリテーションとの出会いのきっかけは2003年7月。

　西部ガス㈱から福岡市へNPO・ボランティア支援推進専門員として派遣されていたある日、とある会議でご一緒した松田美幸さん（福岡市経営管理委員会委員／当時）との立ち話でした。

　「加留部さん、日本ファシリテーション協会って知ってる？」

　「いえ、知りません…それって何ですか？」

　「ホームページができているから見てみたらどうかしら」

　実はこの時点では、ファシリテーションやファシリテーターという言葉は耳にしてはいましたが、それが一体どのようなもので、コーディネーターとはどう違うかも知らないくらいの認識でした。

　ただ、「何となく気になった」ので、日本ファシリテーション協会（FAJ）のホームページを検索し、そこに書かれていることを読んで強い衝撃を受けたのです。

　「これって、今まで自分がやってきたことじゃないか…！」

　このことがこれまでの会議やワークショップなどの場で何となく「無意識」にやっていたことが実はファシリテーションだったのだと改めて気づき、自分の中で強く「意識化」された瞬間でした。

　さらにホームページを読み進めると、これまで何気なくやってきたことが、FAJ初代会長の堀公俊さんの手によって見事に「言語化」されて

います。言語化されればそのカラクリが見えて、ファシリテーションの意味や使い方、その伝え方が身近になってきました。

そしてFAJがまもなくNPO法人になるということを知って、いてもたってもいられなくなり、すぐに会員になりました。

さらに、FAJの具体的な活動がいよいよ東京と関西で研究会（現在の支部）として始まることを知って、私は危惧を抱いたのです。

「東京、大阪、次に名古屋で…となったら、また地方は出遅れる」

それならば先に地方都市である福岡でファシリテーションを学び、普及していく拠点をつくろうと考え、松田さんたちと半年間の準備の末、2004年3月にFAJ九州研究会（現在の九州支部）を立ち上げて初代支部長になりました。

私は、学生時代から大分県の一村一品運動や熊本県の日本一づくり運動など地域活性化の現場を見て歩いていたので、地方から発信する意義や価値を強く認識していました。

このファシリテーションをいち早く地方に届けること。

このようなきっかけと想いが自治体や行政分野にファシリテーションを普及させていく私の第一歩となりました。

現在も多くの自治体でファシリテーションを活かす取り組みを進めています。先々は自治体職員の「標準装備」としてファシリテーションを行政の組織文化の基盤とし、自治体職員の思考や行動、関係性の質が高まっていくことを通じて、その先にある住民の暮らしが「生きやすく」なることにつなげたいと考えています。

ファシリテーター
を支える言葉
4

> 「個人のキャリアの8割は
> 予想しない偶発的なことによって
> 決定される」
>
> 　　　　　　　　（ジョン・D・クランボルツ）

　これは"たまたま"の出来事の積み上げが今の自分を形成するという「計画された偶発性理論」（Planned Happenstance Theory）の中の言葉です。そして、その予期しない出来事をただ待つだけでなく、自ら創り出せるように積極的に行動し、周囲の出来事に常に神経を研ぎ澄ませて、偶発を意図的・計画的にステップアップの機会へと変えていくべきと説いています。

　「今」を大切にし、想定外の「出会い」や「出来事」を自分のチャンスにする。様々な"たまたま"の機会を逃さずにチャレンジしてみて、ファシリテーターとしての成長をめざしたいものです。

おわりに

　仏教に「顔施（がんせ）」という言葉があります。

　相手の欲することを与えることの中で、にこやかな表情で人に接することを説いています。これまでファシリテーションを活かす現場での経験や学びや気づきを自分なりに積み上げてこられたのも、そこにいる参加者同士の顔施のおかげで、私自身のその場の進めやすさを生み出してくれていたのかもしれません。このようなささやかなことが人の気持ちを安心させ、次に進む活力を与えてくれます。

　逆に学生時代からまちづくりや市民活動の現場にいて、世の中には「生きにくい」状態がいかに多いかを目の当たりにしてきました。

　その時に公務員が果たす役割は極めて大きく、職員一人ひとりの意識や行動、そして行政という組織がより良く機能していくことが人々の日々の暮らしを支援することに着実につながっていくことを実感してきました。さらに、その職員が働きやすく、一人の生活者としても暮らしやすい状況をつくることは、回りまわって組織を通じて地域に安心と活力を与える原動力になります。

　このようにファシリテーションは人々を「生きやすく」するものです。様々な場への参加を通じて、一人ひとりの存在を確かめ、相手の良さを引き出し、他者との相互作用で自らが成長できる場を創りたいものです。そのような場づくりを担う存在として、一人でも多くの公務員に現場で活躍してほしいと願っています。この本がそのきっかけとなるのであればとても嬉しいことです。

　そして、この本を一通り読んでいただいた後は、身近に少し意識して、まずは基本的なことを「やってみる」ことをお勧めします。

よく研修参加後や書籍読了後に「これはこれでよくわかったけれど、何か他に良い方法はありませんか」とのお尋ねがあります。

　私は「他の新たなことに手を出す前に、まずは学んだことや知ったことを一度やってみてください。やってみると見えてくる風景がありますし、やらずにやみくもに手を広げてもなかなか身につくものではありませんよ。」とお返ししています。

　私自身も、コロナ禍で湧きあがったオンラインでのファシリテーションによって、これまで対面リアルの場で無意識にやっていたことを改めて「基本」に照らし直して再確認し、大きな気づきがありました。

　もし、オンラインへの取り組みが1か月遅れていたら、1か月前の私が今ここにいて、逆に1か月早く始めていたら1か月後の私が今ここにいるのではないかと感じています。実際はいろいろと躊躇や苦手意識、葛藤もありましたが、本を読むだけで止めるのではなく、やり始めてよかったというのが正直な気持ちです。

　オンラインであれ、対面リアルであれ、多様な参加者が「ここにいてよかった、参加してよかった」と言ってもらえる場づくりへの第一歩をぜひとも踏み出してみてください。その積み上げで、人や組織、地域や日本を元気にして、生きやすい社会を創っていこうではありませんか。

　この本は、これまで出会った多くの人たちの教えと支え、そして多様な現場での経験や体験を培う機会をいただいたことによって書き上げることができました。本書を締めくくるにあたり、お礼の言葉を申し上げます。

　まず、これまでの先人たちの智恵や数えきれないほどの文献を参

考にさせていただきました。また、長年にわたって会議やファシリテーションの現場を創り上げてこられた諸先輩の努力、英知、経験の上に本書があり、心から敬意と謝意を表したいと思います。各分野でファシリテーションの普及と啓発に日夜奮闘するみなさんに心から感謝申し上げます。

その中でも、NPO法人日本ファシリテーション協会（FAJ）でともに研鑽し合う仲間からの知見と刺激は本書を執筆するベースとなりました。お世話になった方が多すぎて一人ひとりのお名前を全て挙げられませんが、特に初代会長・堀公俊さんにはファシリテーションの最初のイロハから独特の感覚を言語化する基本まで教えていただきました。

さらに、全国各地で奮闘する公務員のみなさんや現場でいろいろなことを教えてくれた参加者のみなさんにも心から感謝申し上げます。多くの学びと気づきの場をありがとうございました。

お声がけいただいた、株式会社ぎょうせいのみなさんには、生来の筆の遅さに大変なご迷惑をおかけしながら、それでも粘り強く伴走していただいたことに心から感謝申し上げます。本当にありがとうございました。

そして最後に、日々の活動を支えてくれて、今回の執筆にあたって一番の励ましとパソコンに向かいやすい時間と環境を創ってくれた妻に最大の感謝を捧げます。心からありがとう。

これからも生きやすい時間を一緒に創っていきましょう。

加留部　貴行

引用・参考文献

・フラン・リース／黒田由貴子訳
『ファシリテーター型リーダーの時代』 プレジデント社（2002年）

・堀公俊
『ファシリテーション入門』 日経文庫（2004年）

・舘岡康雄
『利他性の経済学―支援が必然となる時代へ』 新曜社（2006年）

・森時彦
『ファシリテーターの道具箱』 ダイヤモンド社（2008年）

・堀公俊・加藤彰
『ワークショップ・デザイン―知をつむぐ対話の場づくり』 日本経済
新聞出版社（2008年）

・中野民夫・鈴木まり子他
『ファシリテーション―実践から学ぶスキルとこころ』 岩波書店（2009年）

・堀公俊・加留部貴行
『教育研修ファシリテーター』 日本経済新聞出版社（2010年）

・ちょんせいこ
『元気になる会議―ホワイトボード・ミーティングのすすめ方』解放
出版社（2010年）

・佐賀県
『会議・打合せの進め方～効率的で充実感のあるものにするために～』
（2012年）

・香取一昭・大川恒
『ワールド・カフェをやろう　新版―会話がつながり、世界がつなが
る』 日本経済新聞出版社（2017年）

・堀公俊
『オンライン会議の教科書』 朝日新聞出版（2020年）

■■ 著者略歴

加留部　貴行（かるべ・たかゆき）
NPO法人日本ファシリテーション協会フェロー

1967年福岡県出身。九州大学法学部卒業後、西部ガス㈱入社。2001年に福岡市へNPO・ボランティア支援推進専門員として2年半派遣。2007年から九州大学へ出向し、ファシリテーション導入を通じた教育プログラム開発などを担当。企業、大学、行政、NPOの4つのセクターを経験した「ひとり産学官民連携」を活かした共働ファシリテーションを実践。2011年4月に独立。現在は、加留部貴行事務所AN-BAI代表。NPO法人日本ファシリテーション協会では九州支部長、副会長、会長を経て現在フェロー。他に九州大学大学院統合新領域学府客員教授、早稲田大学マニフェスト研究所人材マネジメント部会専門幹事など。年間300件以上の会議・研修・ワークショップなどの企画・進行等に関わっている。著書に『チーム・ビルディング』、『教育研修ファシリテーター』（いずれも共著・日本経済新聞出版社）など。

参加したくなる会議のつくり方
公務員のためのファシリテーション入門

令和3年4月20日　第1刷発行
令和5年8月20日　第3刷発行

著　者　加留部　貴行

発　行　株式会社 ぎょうせい

〒136-8575　東京都江東区新木場1-18-11
URL：https://gyosei.jp

フリーコール　0120-953-431

ぎょうせい　お問い合わせ　検索　https://gyosei.jp/inquiry/

〈検印省略〉

印刷　ぎょうせいデジタル株式会社　　　　　　　　　©2021　Printed in Japan
※乱丁・落丁本はお取り替えいたします。
ISBN978-4-324-10962-5
(5108689-00-000)
〔略号：公務員ファシリ〕